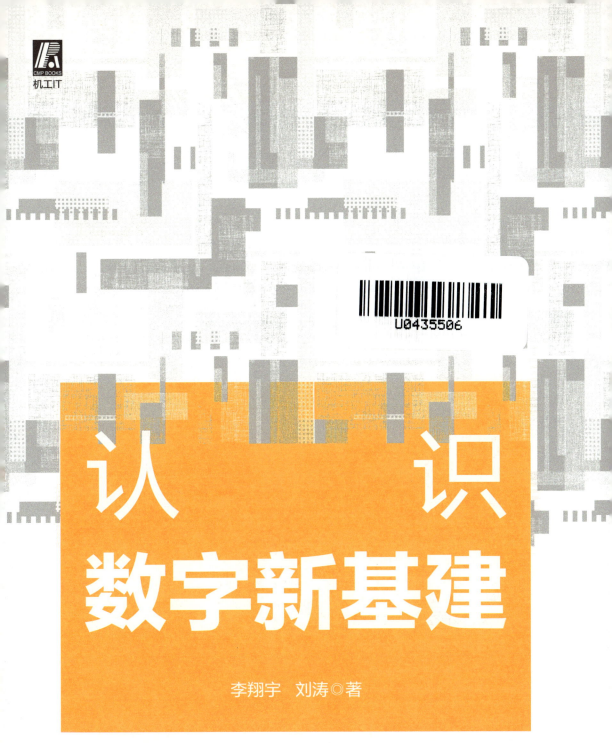

认 识
数字新基建

李翔宇　刘涛 ◎ 著

机械工业出版社
CHINA MACHINE PRESS

内容简介

本书共分 10 章，对新基建进行了梳理和分析，介绍了新基建政策提出的背景，以及它与老基建的核心区别，并对新基建所包含的 5G、人工智能、工业互联网、大数据中心、新能源充电桩、城市轨道交通、特高压等几大领域进行了介绍，并从不同领域阐述数字新基建对实现科技强国战略的重大意义和可行路径，是一本全面、系统介绍新基建的入门书籍。

本书适合企事业单位对新基建领域感兴趣的读者阅读。

图书在版编目（CIP）数据

认识数字新基建/李翔宇，刘涛著. —北京：机械工业出版社，2022.3
（2024.3 重印）
ISBN 978-7-111-70207-8

Ⅰ.①认… Ⅱ.①李… ②刘… Ⅲ.①数字技术-应用-基础设施建设-研究-中国 Ⅳ.①F299.24-39

中国版本图书馆 CIP 数据核字（2022）第 030001 号

机械工业出版社（北京市百万庄大街 22 号　邮政编码 100037）
策划编辑：杨　源　　　责任编辑：杨　源
责任校对：张艳霞　　　责任印制：刘　媛

涿州市般润文化传播有限公司印刷

2024 年 3 月第 1 版·第 3 次印刷
169mm×239mm·10.5 印张·202 千字
标准书号：ISBN 978-7-111-70207-8
定价：69.00 元

电话服务　　　　　　　　网络服务
客服电话：010-88361066　　机 工 官 网：www.cmpbook.com
　　　　　010-88379833　　机 工 官 博：weibo.com/cmp1952
　　　　　010-68326294　　金 书 网：www.golden-book.com
封底无防伪标均为盗版　　　机工教育服务网：www.cmpedu.com

前言

自 2020 年以来，5G 网络基站、人工智能、大数据中心、工业互联网等新型基础设施的建设，逐渐成为社会各界普遍关注和探讨的热点议题。近几年来，从中央到地方，相关政策不断出台，产学研都对"新基建"开展了众多分析研究，引发了人们对未来数字经济发展的关注热潮。

面对外部对"新基建"的各种解读，读者可能会有些迷惑，到底"新基建"是什么，它与"老基建"的区别在哪里？它可以应用在什么场景下，能够给国民经济和社会发展带来哪些有利的影响？这些问题恰恰也是各级政府"新基建"政策和规划的核心议题，读懂了"新基建"的本质，也就可以说看懂中国经济和社会未来的发展走势。

首先，"新基建"政策提出的大背景，是世界已经进入数字经济时代。随着 5G、人工智能、大数据中心、物联网等新一代信息通信技术的突破发展，这些技术对国民经济增长和国家核心竞争力的影响与日俱增，世界已经从传统的工业经济时代迈入了数字经济新时代。工业经济需要修桥筑路等"老基建"，而数字经济需要的则不再仅仅是钢筋水泥的物理设施，还有数字化的基础设施建设。

这就引出了第二个议题，"新基建"与"老基建"的核心区别在于要利用一系列最新的数字化技术，通过建设数字基础设施的方式，融入和支持传统产业向网络化、数字化、智能化方向发展，实现新一轮产业升级和长期经济增长的目的。

新基建主要包含 5G、人工智能、大数据中心、工业互联网、新能源充电桩、城市轨道交通和特高压几大领域，这些领域既包含全新的数字化基建，又兼顾了传统老基建的转型升级，新旧基础设施体系互联互通，开放共享，加速整体转型升级，支撑经济社会数字化转型和新旧动能转换，共同构成了我国面向未来三十年实现科技强国战略的基础设施框架。

在新基建浪潮到来之际，本书立足于基建强国的视角，对新基建各个领域的核心技术、产业体系、关键场景和发展预期等一一进行了分析，给读者展现了我国数字经济时代下，新基建产业全景图，并希望读者朋友通读此书后，能够对新基建这个庞大的题目进行系统、全面的理解。新基建要为改善和保障民生发挥支撑作用，更好地满足人民对美好生活的向往。

Contents | 目录

前言

第 1 章　温故而知新——回顾传统基建/1

1.1　认识基建/2
1.2　中国基建故事/3
 1.2.1　从秦直道到高速铁路/3
 1.2.2　从都江堰到三峡工程/5
 1.2.3　从大运河到西电东送/6
1.3　美国近现代基建/8
 1.3.1　19 世纪的基建强国/8
 1.3.2　走出经济危机：罗斯福新政/10
 1.3.3　新基建号角："信息高速公路计划"/11

第 2 章　走进新基建——点亮智能新时代/13

2.1　认识新基建/14
 2.1.1　提出概念/14
 2.1.2　内涵外延/15
2.2　理解新基建/17
 2.2.1　三次产业振兴——新基建政策要点/17
 2.2.2　新基建新模式/20

第 3 章 5G 与 6G——数字新基建的"神经网络"/21

3.1 5G 与 6G 开启移动通信新时代/22
3.1.1 从 1G 到 6G/22
3.1.2 高速率和网络切片/24
3.1.3 三大应用场景/25
3.1.4 核心基建——5G 基站/26

3.2 5G 让"万物互联"成为现实/28
3.2.1 车联网/28
3.2.2 无人机/30
3.2.3 远程医疗/31
3.2.4 超高清视频和 VR/AR/32
3.2.5 6G 即将到来/34
3.2.6 6G 的应用和服务/35
3.2.7 6G 网络特征/37

3.3 5G 成为全球竞争的重要高地/39
3.3.1 5G 引领产业数字化转型/39
3.3.2 各国 5G 发展战略/42

第 4 章 人工智能——新一轮科技革命的核心驱动力/46

4.1 人工智能技术产业的发展现状/47
4.1.1 人工智能的定义内涵和发展历程/47
4.1.2 人工智能的技术体系架构/49
4.1.3 人工智能的核心技术/51

4.2 产业智能化的典型应用/52

4.2.1 自动驾驶汽车/52

4.2.2 智能辅助医疗/54

4.2.3 智能制造/56

4.2.4 智能机器人/57

4.3 人工智能推动智能经济发展/60

4.3.1 各国人工智能战略布局/60

4.3.2 人工智能是产业智能化升级的推动力/65

第 5 章 工业互联网——引领第四次工业革命/69

5.1 当工业与互联网相结合/70

5.1.1 第四次工业革命到来/70

5.1.2 工业+互联网：两大产业的融合/72

5.1.3 工业互联网平台/74

5.2 重新定义工厂和工业生产/76

5.2.1 工业互联网平台/76

5.2.2 工业 AR 带来人机协作的新体验/78

5.2.3 工业 4.0 和未来工厂/80

第 6 章 大数据中心数字化时代的关键基础设施/82

6.1 走进大数据中心/83

6.1.1 大数据时代带给我们的变化/83

6.1.2 数据中心：从机房到云/85

6.1.3 人工智能与数据中心的融合创新/88

6.1.4 大数据中心是新基建的"底座"/90

6.2 大数据驱动下的数字经济/90

6.2.1 大数据产业的蓬勃发展/90

6.2.2 工业大数据是智能制造的基础/92

6.2.3 数据治理成为企业竞争力要素/95

6.2.4 大数据交易：一个新兴的蓝海市场/97

第7章 迈向智能、网联化的新能源汽车时代——充电桩/103

7.1 发展新能源汽车具有重大意义/104

7.1.1 发展新能源汽车是汽车产业"弯道超车"的重大机遇/104

7.1.2 发展新能源汽车是基于我国能源结构的战略选择/105

7.1.3 新能源汽车未来将打造成一张灵活移动的电力能源网/106

7.2 小小充电桩，为何成了新基建？/107

7.2.1 什么是充电基础设施/107

7.2.2 新能源充电桩与新能源汽车相互支撑、相互成就/108

7.2.3 充电桩再造停车场生意：小小一根桩串起长长产业链/109

7.3 充电桩产业发展现状与动因/110

7.3.1 新能源充电桩产业发展现状/110

7.3.2 新能源充电桩产业发展动因/111

7.3.3 国外充电桩产业发展概况/113

7.4 充电桩产业发展面临的挑战与趋势/115

7.4.1 充电桩产业发展存在的问题与不足/115

7.4.2 问题背后的原因分析/116

7.4.3 互联、智能化趋势/116

第 8 章 打造可靠的城际轨道智能交通网络/122

8.1 中国高铁打造靓丽"中国名片"/123

8.1.1 中国高铁发展历程/123

8.1.2 高铁改变中国/125

8.1.3 城市群发展催生城际交通需求/127

8.2 城际智慧交通发展/129

8.2.1 城际高铁和城际轨交的概念/129

8.2.2 城际高铁和城际轨交的优势/130

8.2.3 城际高铁和城际轨交产业链/131

8.2.4 城际高铁和城际轨交的数字融合/132

第 9 章 能源安全的主动脉——特高压/134

9.1 特高压——"电力高速公路"/135

9.1.1 电力点亮人类现代文明之光/135

9.1.2 特高压电网的优势/136

9.1.3 特高压交直流技术/137

9.2 我国建设特高压电网的战略意义/138

9.2.1 建设特高压电网是优化我国能源资源配置,解决区域能源发展不平衡不充分问题的重要抓手/138

9.2.2 建设特高压电网契合新发展理念和我国产业转型升级趋势/140

9.2.3 建设特高压电网有助于打造中国制造自主创新的"金字招牌"/141

9.3 国内外特高压发展现状与历程/143

9.3.1 我国特高压电网发展历程/143

9.3.2　试验探索阶段（2004-2008年）/143

9.3.3　第一轮发展高峰（2011-2014年）/144

9.3.4　我国特高压电网发展现状/146

9.3.5　国外特高压电网发展情况/147

第10章　引领未来经济——迈向数字化/150

10.1　数字基建/151

10.2　智慧城市/153

10.3　数字化转型/154

10.4　科技创新驱动数字经济/155

第 1 章

温故而知新——
回顾传统基建

1.1 认识基建

基础设施指为社会生产和生活提供基础性、大众性服务的工程和设施，用于保证国家或地区社会经济活动正常进行的公共服务系统，是社会赖以生存和发展的基本条件。传统狭义的基础设施包括交通运输（铁路、公路、港口、机场）、能源、通信、水利四大经济基础设施，广义上的基础设施还包括了教育、科技、医疗卫生、体育、文化等社会公共服务。

基础设施建设具有所谓"乘数效应"，即能带来几倍于投资额的社会总需求和国民收入。一个国家或地区的基础设施是否完善，是其经济是否可以长期持续稳定发展的重要基础。同时，基础设施具有强外部经济性、公共产品属性、受益范围广、规模经济等特点，其基础地位决定相关建设必须适度超前，基础设施建设必须走在社会经济发展需要的前面，否则将制约经济社会发展。

将基建放在人类历史的视角下审视，那些千年不朽、至今尚存的古代建筑，几乎都是充满了科技成色且领先于所处时代的工程，从这个意义上讲，每个时代都有属于自己的"新基建"。

科技改变生活，首先是通过基础设施建设来改变，在近代以前，人类的科技水平长期处于低速发展中，世界各地的基础设施建设常年未有大的变化和突破。但是，近代的科技革命实现了生产力的飞速发展，也创造出了无比丰富的物质财富，在基建领域硕果累累。

1.2　中国基建故事

中国从古至今的大一统王朝，无不重视国家的基础设施建设，历经千年，留下了众多堪称奇迹的非凡成果。从大禹治水开始，基础设施建设就是一个国家维护稳定、发展经济的最主要工作。古代最具有代表性的国家基础设施包括交通、军事和水利工程，比如秦始皇时期建设的遍布全国的"高速路"秦直道，用于国防的"战国长城"；隋炀帝时期开凿的京杭大运河以及战国时代李冰和他的儿子主持修建的都江堰水利工程。

新中国成立之后，我国的基础设施建设取得了历史性成就。改革开放以来，特别是党的十八大以来，基础设施服务能力和水平显著提高，整体质量全面改善，综合效率明显提升，创造了举世瞩目的"中国速度"。大批关系国计民生的重点项目相继竣工投入运营，电力、交通、水利、能源、信息等领域建设成效显著，基础性、先导性、战略性作用不断凸显，有力地支撑了经济社会发展，发展过程中积累的宝贵经验更显弥足珍贵。

1.2.1　从秦直道到高速铁路

提到秦始皇时期的基础设施建设，不仅仅有举世闻名的长城，还有世界上最早的"高速路"，一条全长700多千米的直道——秦直道。在统一六国之后，秦始皇为了抗击北方匈奴的侵扰，命令大将蒙恬率师督军，役使百万军民，一面镇守边关，一面修筑军事要道。仅仅用了两年半的时间，便修筑成了可以与长城相媲美的伟大工程——秦直道。

这条"高速路"连接咸阳与当时的九原郡（现在的包头市），全长700多千米，路面平均宽约30米，最宽处达到了61米，相当于现在16个车道的宽度（窄的地方也可以并行大车三四辆）。因其整体上南北直行，所以被称作"秦直道"。史学家称："如果说长城是中原王朝的一面盾牌，那么秦直道无疑就是一把锋利无比的宝剑。"

高速铁路，是当代中国重要的一类交通基础设施，也是向世界展现"中国速度"的靓丽名片。

世界上最早的商业高速铁路，是1964年建成通车的日本新干线铁路。1978年，邓小平同志访问日本时，乘坐了新干线铁路上的高速列车，高速铁路因此正式进入中国大众的视野。

2004年1月21日，国务院审议通过了《中长期铁路网规划》，规划建设"四纵四横"客运专线，设计速度指标200千米/小时以上。2005年6月11日，石太高速铁路开工建设，中国正式开启了大规模高速铁路的建设，一大批高速铁路项目相继启动。2008年8月1日，京津城际铁路开通运营，成为中国内地第一条设计速度350千米/小时级别高速铁路。2011年6月30日，京沪高速铁路建成通车，全长1318千米，纵贯北京、天津、上海三大直辖市和冀、鲁、皖、苏四省，连接京津冀城市群和长江三角洲城市群。

时至今日，短短十几年时间，我国已建成世界上规模最大、运营速度最快，具有完全自主知识产权的高速铁路网络，形成了勘察设计、工程建设、技术装备、运营管理、安全保障、人才培训的完整体系，"四纵四横"高速铁路骨干网络提前建成运营。至2019年年底，中国高速铁路营业总里程达到3.5万千米，位居世界第一。

第1章 温故而知新——回顾传统基建

伴随着高铁网络的铺开，以北京、上海、广州、武汉、成都等大城市为中心的"半小时至四小时"高铁都市圈已经形成，极大地方便了人们日常的商务往来，拓展了生活空间，让每一个沿线城市都分享到了巨大的"高铁红利"，搭上了中国经济发展的快车。

图：中国高铁

1.2.2 从都江堰到三峡工程

秦朝由于受到商鞅变法重农抑商政策的影响，农业经济成为整个国家的立国之本，得到历代统治者的高度重视，因此很多基础设施都是服务于农耕发展需要的，主要表现在水利工程建设上。

最著名的是李冰父子主持修建的都江堰水利工程，秦朝以前，成都这个地方每年都会发生水患，秦朝以后，这种水患几乎没有发生过了，其中的原因正是李冰父子主持修建的都江堰水利工程。都江堰的巧妙设计，把岷江湍急的河流压力分流，既解决了水患问题，又灌溉了万亩良田，使得成都地区从此成为水旱从人、食无荒年的天府之国。正是天府之国源源不断的粮食资源，支撑起了秦国长期对外战争的能力，最终统一六国，两千多年前的基建强国得到淋漓尽致的体现。

除此以外，还有郑国渠、灵渠的建设，这些基础设施都为当时和后代的农业发展起到了重要作用，可谓是功在当代而利在千秋。

到了近代，拥有了工业化建设能力以后，大规模修建水电站成为各国的主要水利工程。1919 年，孙中山先生在《建国方略之二——实业计划》中就提出了建设三峡工程的设想。

三峡工程，即长江三峡水利枢纽工程，又称三峡水电站，是世界上规模最大的水电站，也是中国有史以来最大型的工程项目。

三峡水电站 1992 年获得全国人民代表大会批准建设，1994 年正式动工兴建，2003 年 6 月 1 日下午开始蓄水发电，于 2009 年全部完工。三峡水电站大坝高程 185 米，蓄水高程 175 米，水库长 2335 米，电站装机容量达到 2250 万千瓦，居世界第一。

三峡工程作为长江中下游防洪体系中的关键骨干工程，处于长江上游来水进入中下游平原河道的"咽喉"，可控制长江防洪最险的荆江河段 95%的洪水来量在防洪、发电等方面产生了巨大的影响。

1.2.3 从大运河到西电东送

隋朝是另一个为中国水利工程建设做出巨大贡献的朝代，耗费巨资开凿的京杭大运河，北起北京，南至浙江杭州，纵贯北京、天津、河北、山东、江苏和浙江，沟通海河、黄河、淮河、长江和钱塘江五大水系，全长 1794 千米。

第1章 温故而知新——回顾传统基建

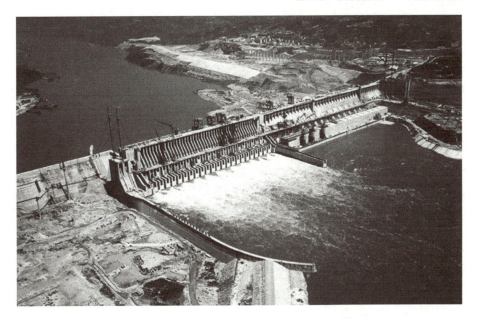

图：三峡工程

耗费巨资凿通的京杭大运河，虽然在当时看来，主要为了供隋炀帝贪玩享乐之用，但从长远影响看，京杭大运河的开通，连通了北京到杭州近1800千米的路程，极大地加强了中国南方与北方之间的经济往来，中国经济中心加快南移，江南的富庶繁荣从此有了硬件基础的保障。

相比古代依靠京杭大运河，将南方的粮食物料运到北方，当今的西电东送工程是把煤炭、水能资源丰富的西部省区的能源转化成电力资源，输送到电力紧缺的东部沿海地区，属于现代基础设施建设工程。

西电东送工程是中国西部大开发中工程量最大、投资最多的工程建设，分为三个通道：南部通道是将贵州乌江、云南澜沧江和桂、滇、黔三省区交界处的南盘江、北盘江、红水河的水电资源以及黔、滇两省坑口火电厂的电能开发出来送往广东；中部通道是将三峡和金沙江干、支流水电送往华东地区，北部通道是将黄河上游水电和山西、内蒙古坑口火电送往京津唐地区。

我国西部地区水力发电潜力巨大,水力资源居世界首位,但开发的装机容量仅为 3.78 亿千瓦,开发程度远低于 22%的世界平均水平。其中,西南地区的云、贵、川三省水力资源占全国的 68%,但目前开发的还不到 8%。国家启动西电东送工程,不仅有效利用了这些水利资源,更为西部地区的发展提供了契机。

1.3　美国近现代基建

古代无论是东方还是西方,最具有代表性质的基础设施都是交通、军事、水利。随着时代的发展,基础设施的内涵变得愈加丰富,拉动国民经济的作用越来越显著。美国作为全球经济霸主,在 19 世纪以来的一百多年时间里,也曾经是著名的"基建狂魔"。

1.3.1　19 世纪的基建强国

1865 年南北战争结束以后,美国维持住了国家统一,并且扫清了妨碍资本主义经济发展的制度障碍,由此进入了经济高速发展期,各项工业指标突飞猛进。到了 19 世纪 80 年代,钢铁、煤炭、机器制造、电器等主要工业领域产值都跃居世界首位,1890 年工业产值占全球 31%,奠定了美国在全球制造业的核心地位,成为名副其实的世界工厂。

与此同时,美国也掀起了前所未有的基建狂潮,代表城市繁荣象征的摩天大楼诞生于 19 世纪 80 年代的美国芝加哥,42 米高共十层楼的"芝加哥家庭保险大厦"被公认为当时的世界第一座摩天大楼。经济的快速发展,让芝加哥等大城市的地价愈发昂贵,为了支持城市商业发展要求,摩天大楼在美国各大城市如雨后春笋般拔地而起。19 世纪中叶,美国几乎没有高楼，到了1890年，美国已是高楼林立。

图：100年前的纽约

1883年纽约布鲁克林大桥建成，它是当时世界上最长的悬索桥，也是世界上首次以钢材建造的大桥，当时被誉为"第八大奇迹"。总高93米、金属铸造的自由女神像也在这个时候建成。

在近代所有基础建设工程中，铁路建设毫无争议是头号工程。英国人史蒂芬森于1825年主持建设了世界上第一条铁路，19世纪，铁路建设热潮席卷了世界各经济强国，这其中最波澜壮阔的建设篇章，是由大西洋彼岸的美国人撰写的。

美国铁路里程从1860年的3万英里飞升到1890年的16.3万英里，换算过来相当于近26万千米，总里程占全球52%，超过欧洲各国的总和。

这其中，最具代表性的就是第一条横贯北美大陆的铁路——太平洋铁路。它全长 3000 多千米，穿越了整个北美大陆，是世界上第一条跨洲铁路。

法国著名科幻小说家儒勒·凡尔纳在他的《八十天环游地球》里也提到了这段铁路修建的意义：如果没有它，八十天环游地球的梦想永远只是梦想而已。过去，从纽约到旧金山最顺利时也要走 6 个月，而铁路建成后只需要 7 天。太平洋铁路为美国的经济发展做出了巨大的贡献，从一定意义上说，正是这条铁路成就了现代美国。

1.3.2 走出经济危机：罗斯福新政

20 世纪 30 年代，美国出现了空前的经济大萧条，失业率高达 25%，为了应对如此严重的经济危机，当时刚上台的富兰克林·罗斯福总统，推出了著名的"罗斯福新政"，其中一条重要措施就是政府主导下的大规模基础设施建设，其理念是"以工代赈"，即通过大搞基础设施建设，短时间内创造出大量工作岗位，解决失业危机。相比起政府直接发钱救济老百姓，这种"曲线救民"政策，能够让受助者"从有意义的工作中获得尊严"。

为了避免政府主导的工程项目与民争利，导致"国进民退"，联邦政府主导的项目会尽量避免民营企业参与较多的领域，而是选择那些短期内看不到效益的项目，如"平民保育团"，针对的是 19~24 岁的失业男性，每年组织 20 万~30 万人到农村和美国的边远地区进行自然资源保育工作。

1935 年，富兰克林·罗斯福政府又推出了公共事业振兴署，几乎囊括了所有能想到的对公众有益的项目：高速公路、养护环境、水利设施、维护公共卫生、再造森林、防控洪灾等。甚至还包括流浪狗收留站、图书馆等在当时看来"华而不实"的内容。

第 1 章 温故而知新——回顾传统基建

图：罗斯福新政

当时这些带不来经济效益的大工程引来了很多人的质疑，认为都是表面繁华的面子工程。但最终时间证明了其价值：直接结果是提高了就业、增加了民众收入，长期价值则是给美国经济大发展打下了坚实基础，且形成了长期的社会效益。

1.3.3 新基建号角："信息高速公路计划"

1991年，伴随苏联解体，美国赢得了冷战，成为全球唯一超级大国。但此时的美国，面临着严重的竞争危机。由于与苏联对抗，美国很长时间里都把提升军事力量作为首要任务，但德国、日本等战后复兴国家，正在通过经济和科技力量，对美国进行加速追赶。

特别是在美国原本的优势领域，比如电子、汽车、化工等重要产业纷纷面临着国外强有力的竞争，优势地位不断丧失，国内经济增长乏力已是不争的事实，巨额财政赤字和失业率的连年攀升，让这个超级大国感觉风雨飘摇，霸主地位不稳。

1993 年 9 月 15 日，刚刚上台不久的新总统克林顿，正式公布了一

认识数字新基建

项具有划时代意义的宏大计划,这项计划的名字叫作"国家信息基础设施(National Information Infrastructure,简称 NII)",又名"信息高速公路计划"。美国将未来的竞争焦点集中在了信息化领域,并随后在世界各地掀起了巨大的热潮,信息经济从此开始深刻改变了人类的发展模式。

该计划方案中,美国预计在今后的 15~20 年内全面达成如下建设目标:

(1)在企业、研究机构和大学之间通过计算机进行技术信息交换;

(2)通过药品的通信销售和 X 光照片图像的传送,提高以医疗诊断为代表的医疗服务水平;

(3)使在第一线的研究人员的讲演和学校的授课,发展成为计算机辅助教学;

(4)可以广泛提供地震、火灾等灾害信息;

(5)实现电子出版、电子图书馆、家庭电子影院、在家购物等;

(6)利用双向高速通信网提高美国的产业竞争力。

在克林顿执政的 8 年里,美国经济实现了长期快速稳定的增长,直到 20 世纪 90 年代末都没有出现衰退的征兆。更重要的是,通过大力发展信息技术与信息产业,大大提升了美国的国际竞争力,美国一手推动的信息科技革命,把欧洲、日本再次甩在了身后,美国"世界经济霸主"的地位得到了进一步巩固。

第 2 章

走进新基建——
点亮智能新时代

2.1 认识新基建

2.1.1 提出概念

"新基建"的提法，最早产生于 2018 年年底的中央经济工作会议，会上提出，"加快 5G 商用步伐，加强人工智能、工业互联网、物联网等新型基础设施建设"，新基建的概念由此产生，并被列入 2019 年政府工作报告。

2019 年 3 月两会期间，政府工作报告中提出，"加大城际交通、物流、市政、灾害防治、民用和通用航空等基础设施投资力度，加强新一代信息基础设施建设"。同年 7 月的政治局会议中，再次强调以 5G、人工智能和工业互联网等为代表的新基建在逆周期调节中将承担更为重要的角色，要进一步加快推进信息网络等新型基础设施的建设。

2020 年 1 月 3 日，在国务院常务会上提到"大力发展先进制造业，出台信息网络等新型基础设施投资支持政策，推进智能、绿色制造"。同年 2 月 14 日的中央全面深化改革委员会会议提出了"统筹存量和增量、传统和新型基础设施发展，打造集约高效、经济适用、智能绿色、安全可靠的现代化基础设施体系"。同年 2 月 21 日的政治局会议提出"推动生物医药、

第 2 章 走进新基建——点亮智能新时代

医疗设备、5G 网络、工业互联网等加快发展"。

2020 年 3 月 4 日中央政治局常务委员会会议上，全面的"新基建"战略被正式提出来，包括 5G 基站建设、特高压、城际高速铁路和城市轨道交通、新能源汽车充电桩、大数据中心、人工智能、工业互联网等七大领域。

图：新基建七大领域

2020 年 5 月 22 日，国务院总理李克强向全国人大做政府工作报告，"新基建"被正式写入政府工作报告。报告提出了加强新型基础设施建设，发展新一代信息网络，拓展 5G 应用，建设充电桩，推广新能源汽车，激发新消费需求，助力产业升级。

2.1.2 内涵外延

"新基建"政策出台以来，业界对其内涵外延的解读纷至沓来，虽然各有侧重，不尽相同，但经过细心梳理，会发现本质脉络还是比较一致的，无论是对"新基建"的内涵分析，还是外延解释，都有着基本相同的解读。

1. 三个内涵特征

从内涵特征上看，"新基建"具有三个特征㊀：

㊀ 来源："李毅中谈新基建——内涵、外延及投资要点"

认识数字新基建

一是新技术。信息化时代要求使用新一轮高新技术，尤其是新一代信息技术，包括互联网、大数据中心、云计算、人工智能等，以及其分项、子项，要将这些技术物化为基础设施。

二是新需求。数字经济是世界潮流，更是国家战略。产业转型升级，数字化、网络化、智能化，提升社会治理能力和水平等，新型基础设施是基石、工具和利器。比如在抗疫工作中，医用物资生产调运、疫情筛查防控、远程线上医疗、在线协同办公、在线教育云课堂，以及生活物资网购、有序复工复产等，数字基础设施凸显了保障和支撑作用。

三是新机制。发展"新基建"要推进信息技术与制造技术深度融合，推进电子信息产业与垂直行业跨界融合。新型基础设施有社会公用的一面，但更多具有明显的行业特色，需要信息技术企业和工业企业协同努力。

2. 三个外延范围

从外延范围来看，国家发展改革委对"新基建"做了新的解释。新型基础设施是以新发展理念为引领，以技术创新为驱动，以信息网络为基础，面向高质量发展需要，提供数字转型、智能升级、融合创新等服务的基础设施体系。

一是信息基础设施。主要是指基于新一代信息技术演化生成的基础设施，比如以 5G、物联网、工业互联网、卫星互联网为代表的通信网络基础设施，以人工智能、云计算、区块链等为代表的新技术基础设施，以数据中心、智能计算中心为代表的算力基础设施等。

二是融合基础设施。主要是指深度应用互联网、大数据中心、人工智能等技术，支撑传统基础设施转型升级，进而形成的融合基础设施，比如智能交通基础设施、智慧能源基础设施等。

三是创新基础设施。主要是指支撑科学研究、技术开发、产品研制且具有公益属性的基础设施，比如重大科技基础设施、科教基础设施、产业技术创新基础设施等。

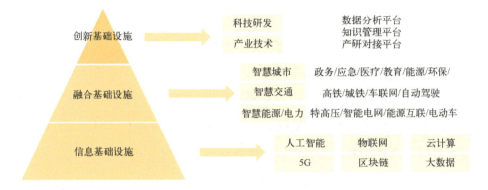

图：新基建外延范围

当我们讨论"新基建"时，更多地把焦点放在"新"上，更确切的说法是，相比于过去，"新基建"的科技内涵更加浓重。在对外阐释"新基建"的内涵外延的同时，国家发展改革委也表示，"伴随着技术革命和产业变革，新型基础设施的内涵、外延也不是一成不变的，我们将持续跟踪研究。"

2.2 理解新基建

2.2.1 三次产业振兴——新基建政策要点

国家出台新基建政策，主要目的是稳定投资、拉动经济，促进产业转型升级。一直以来，投资、消费和出口是拉动经济的三驾马车，根据我国历年国内生产总值的构成情况，消费和投资在我国经济增长方面发挥着关键的作用。2019年最终消费支出对我国国内生产总值的贡献率高达

57.8%，而投资的贡献率也超过了30%。然而，这次新冠肺炎疫情不可避免地在一定程度上抑制了居民的消费需求，为了完成稳定经济增长和全面建成小康社会的目标，投资将成为主要驱动力。

这其中，基础设施建设的投资将是重中之重，历年来，基础设施投资都是我国固定资产投资的主要来源之一，占全社会固定资产投资的比例均超过了20%。虽然传统的基础设施建设投资在逆周期政策中发挥着重要的作用，但也给经济带来了产能过剩等一系列结构性的问题。2015 年 11 月中央提出了供给侧改革，旨在优化产业结构、提高产业质量，此后一系列产业升级、科技创新的政策不断出台。此次新型基础设施建设将是推动我国高质量发展的重要支撑，在经济转型升级的过程中将扮演着重要的角色。5G、人工智能、工业互联网、物联网等新型基础设施建设将产生长期性、大规模的投资需求，拉动有效投资的新增量，将在促内需和稳投资中发挥重要作用。

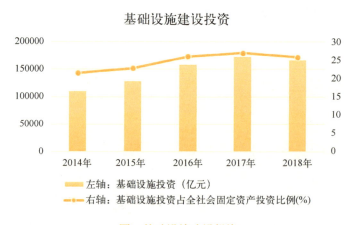

图：基础设施建设投资

新基建还是促进我国传统产业转型升级，数字经济发展的新引擎。新基建涵盖了 5G、人工智能、工业互联网、大数据中心等新一代信息技术，

第 2 章 走进新基建——点亮智能新时代

是数字化的基础设施,为构建智慧社会、数字产业奠定了基础,将带动国民经济各行业的生产基础设施向数字化、网络化、智能化转型,从而有效推动我国各行业技术创新、产业创新和商业模式创新,促进新业态、新模式的发展,成为拉动新一轮经济增长的新动能和带动产业升级的新增长点。

表:新基建政策要点梳理[①]

领域	重点举措
5G	在基建方面,加快布局 5G 基站,同步落实 5G 基站机房、电源、管道等配建工作 在平台方面,大力发展 5G 产业,积极布局建设 5G 领域重点实验室、工程研究中心、数据中心等科技创新平台,打造 5G 器件研发制造基地,打造应用软件研发基地,培育引进 5G 企业 在应用方面,开展 5G 应用试点示范区建设,推进数字经济产业园、示范区规划建设,推动机场、高铁站等重要交通枢纽及 5G 网络热点地区有效覆盖,逐步实现 5G 网络建设向县区延伸等
人工智能	推动多项人工智能产业重大项目实施并带动产业投资,加快人工智能领域大项目好项目的引进、实施和建设工作,打造以智能基础软硬件、智能家居产品、智能汽车、智能制造装备为特色的产业集群,鼓励企业、科研机构、行业协会等建设高水平人工智能公共服务平台、开源和共性技术平台,实施"人工智能+"应用示范工程,国家人工智能创新应用先导区等,从支持项目建设、提升基础研究创新能力、建设支撑平台、推进应用示范等方面提出了全面而具体的政策方案
工业互联网	围绕着构建网络、平台、产业三大体系,提出通过升级改造工业企业内部网络、建设完善工业企业外部网络等措施推动网络基础设施建设行动;通过打造工业互联网平台体系,鼓励规模以上工业企业生产线和业务系统上云上平台、大力发展跨行业跨领域工业互联网平台、通过工业互联网研究院和创新中心等措施推动工业互联网平台建设行动;通过创建工业互联网应用体系、创新产业生态与业务模式、构建工业互联网技术创新与产业发展联盟等措施、推进应用创新生态建设
大数据中心	围绕大数据领域的基础设施建设,各地从大数据中心基础和应用等方面提出加快高速宽带网络建设,推动绿色数据中心、能源大数据中心、车联网大数据中心及云平台等的建设,加快大数据产业基地建设,推进通信运营公司和互联网公司大型数据中心落地,建设大数据集聚区,并开展公共安全、文化旅游、工业、农业、能源、健康医疗、交通物流、电子金融等领域的大数据示范应用
城际交通	北京市政府工作报告提出,推进京唐城际、轨道交通平谷线建设,京沈客专建成通车;河北省政府工作报告指出,深化交通互联互通,加快京雄、京唐城际和津石高速建设,开工建设京雄商、雄忻、石衡沧港等高铁和城际铁路项目,促进京津冀机场群和津冀港口群协同发展;广东省政府工作报告提出,加强基础设施互联互通,推进粤澳新通道建设,完善跨珠江口通道和珠三角城际轨道网络规划,粤港澳大湾区实现城际轨道公交化,构建"一张网、一张票、一串城"的运营模式
充电桩	根据各地区电动汽车发展阶段和应用特点,紧密结合不同领域、不同层次的充电需求,各地针对性地提出具体的新能源充电桩建设规划,包括在交通枢纽、大型文体设施、城市绿地、大型建筑物配建停车场、路边停车位等城市公共停车场所,建设分散式公共充电桩;在居民区,建设用户专用充电桩等

[①] 赛迪研究院《新基建政策白皮书》。

2.2.2　新基建新模式

理解新基建，重点在新基建的"新"字上，相比以往，新基建有以下几个显著特点：

一是谋划已久，不是仓促出台。新基建并不是因为发生疫情而仓促出台的。早在 2018 年召开的中央经济工作会议中，就对新基建有所提及，已经明确了 5G、人工智能、工业互联网、物联网等新型基础设施建设的定位，到如今正式出台，政策设计上有两年的谋划时间。

二是着重于高科技领域，而不是建筑工程。新基建主要着力于高科技，无论是 5G 基站、人工智能、工业互联网，还是大数据中心、城际高速铁路和城际轨道交通等，本质上是信息数字化的基础设施，还都属于新兴产业，一头连着巨大投资与需求，一头牵着不断升级的强大消费市场，是中国经济增长新引擎。

三是稳定推进，不会急放急收。新基建是着眼长远产业升级，不急于一时出效果，也不会很快就结束。根据 2020 年从 20 多个已公布省份的未来总投资计划估算，新基建总投资大概有 50 万亿元之多，但这 50 万亿元是未来几年的累计投资，不是一年的投资总规模。而且工程项目都是分几年来实施的，项目总投资额还需要分拆成若干年的年度投资，可见从整体上看，新基建是慢火细炖，不会急火攻心。

第 3 章

5G 与 6G——数字新基建的"神经网络"

3.1 5G 与 6G 开启移动通信新时代

3.1.1 从 1G 到 6G

改革开放四十年来，通信行业是我国基础设施建设中增长最快、变化最大的领域之一，从电报拨号电话、程控交换机电话、寻呼机无线电话，再到 3G、4G 乃至 5G 智能手机，通信工具的变化映射出了时代的变迁，也印证了通信业基建的光辉历程。

自 20 世纪 80 年代以来，移动通信每 10 年出现新一代革命性技术，推动着信息通信技术、产业和应用的革新，为全球经济社会发展注入源源不断的强劲动力。至今，移动通信技术已经历了 1G~4G 4 个时代，正朝着第 5 代移动通信技术（5G）阔步前行。

1G：第一代移动通信技术，以模拟技术为基础的蜂窝无线电话系统。

2G：第二代移动通信技术，以数字语音传输技术为核心，2G 通信标准主要有 GSM 和 CDMA。

- GSM：全球移动通信系统（Global System for Mobile Communications），

由欧洲电信标准组织 ETSI 制定的一个数字移动通信标准，曾是 2G 时代应用最为广泛的移动通信标准。

- CDMA：码分多址技术（Code Division Multiple Access），CDMA 技术的原理是基于扩频技术，即将需传送的具有一定信号带宽的信息数据，用一个带宽远大于信号带宽的高速伪随机码进行调制，使原数据信号的带宽被扩展，再经载波调制并发送出去。相比于 GSM，CDMA 技术标准在美国、韩国、日本等国家得到了普遍应用。

3G：第三代移动通信技术，3G 通信标准主要有 WCDMA、CDMA2000 和 TD-SCDMA。

- WCDMA：宽带码分多址技术（Wideband Code Division Multiple Access），WCDMA 也是基于 CDMA 技术的实践和应用衍生，由欧洲和日本推动成为 3G 的主要技术标准。
- CDMA2000：也称为 CDMA Multi-Carrier，它是由美国高通公司提出的，并成为 3G 的通信标准之一，相对于 WCDMA，CDMA2000 的适用范围要小一些，使用者和支持者也要少一些。
- TD-SCDMA：时分-同步码分多址（Time Division-Synchronous Code Division Multiple Access），是由我国提出的 3G 通信标准，起步较晚而且产业链薄弱，发展曲折，落后于另外两个标准。

4G：第四代移动通信技术，主要标准有 TD-LTE 和 FDD-LTE。FDD-LTE 在国际中应用广泛，而 TD-LTE 在我国较为常见。LTE 是指通用移动通信系统的长期演进（Long Term Evolution），严格来讲，LTE 只是 3.9G，是 3G 与 4G 技术之间的过渡，并没有满足国际电联对 4G 的要求。

从 1G 到 2G，移动通信技术完成了从模拟到数字的转变，在语音业务基础上，扩展支持低速数据业务。从 2G 到 3G，数据传输能力得到了显著提升，支持视频电话等移动多媒体业务。4G 的传输能力比 3G 又提升了一个数量级。

5G 是第五代移动通信技术的简称，5G 的提法沿袭了传统上的 2G、3G 和 4G 移动通信技术，是下一阶段的移动通信技术标准。2016 年 6 月 ITU（国际电信联盟）公布了 5G 技术标准化的时间表，我国和全球主要经济体中的美国、欧盟、日本和韩国也都在开展 5G 相关研发工作。

作为 4G 通信技术的延伸，5G 将在全社会数字化转型进程中担负着不可替代的重要使命。5G 时代，人与人、人与物以及物与物之间原有的互联互通界线将被打破，所有的人和物都将存在于一个有机的数字生态系统里，数据或者信息将通过最优化的方式进行传递。从全球视角来看，目前 5G 无论是在技术、标准、产业生态，还是网络部署等方面，都取得了阶段性的成果，5G 落地的最后一环——应用场景正逐渐成为业界关注的焦点。

6G 将在 5G 基础上全面支持整个世界的数字化，并结合人工智能等新技术的发展，实现智慧的泛在可取、全面赋能万物互联，推动社会走向虚拟与现实结合的"数字孪生"世界，实现"数字孪生，智慧泛在"的美好愿景。

3.1.2 高速率和网络切片

5G 相比 4G，最突出的特点是传输速率大大提升。在传输速率方面，5G 峰值速率为 10～20Gbit/s，提升了 10～20 倍，用户体验速率将达到 0.1Gbit/s～1Gbit/s，提升了 10～100 倍；流量密度方面，5G 目标值为 $10Tbit/(s·km^2)$，提升了 100 倍；网络能效方面，5G 提升了 100 倍；可连接数密度方面，5G 每平方千米可联网设备的数量高达 100 万个，提升了

10 倍；频谱效率方面，5G 相对于 4G 提升了 3 到 5 倍；端到端时延方面，5G 将达到 1ms 级，提升了 10 倍；移动性方面，5G 支持时速高达 500km/h 的通信环境，提升了 1.43 倍。

5G 有全新的构架解决方案——允许在通用物理信息基础设施上创建一组逻辑上独立的网络，称为网络切片。网络切片是一种按需组网的方式，通信运营商在统一的基础设施上，"切"出多个虚拟的端到端网络，就是通俗意义上的"切片"。可以面向各行各业的多样化业务特点，将网络像积木一样搭建部署，在网络上能够快速承载起新业务，满足人们对数据服务的多元化需求。

一个理想的网络切片要满足三个方面的要求：

- 端到端完整，每个网络切片都包括无线接入网、承载网和核心网三部分切片，能够适用于不同的业务。
- 隔离性要好，切片之间要具备安全隔离、资源隔离和维护隔离，一个切片出现异常不会影响其他切片正常运行。
- 能按需定制，根据不同业务的需要，可以灵活提供不同的网络容量、生命周期和分布式部署。

网络切片可以根据垂直行业的业务需求量身定制，使 5G 能够真正成为全社会共用的新一代信息基础设施。

3.1.3 三大应用场景

国际电信联盟（ITU）将 5G 三大应用场景做了官方表述：增强型移动宽带（eMBB）、海量机器类通信（mMTC）及低时延高可靠通信（uRLLC）。

1. 增强型移动宽带（eMBB）

指在现有移动宽带业务场景的基础上，对于用户体验等性能的进一步提升。场景主要提升以"人"为中心的娱乐、社交等个人消费业务的通信体验，适用于高速率、大带宽的移动宽带业务，例如 3D 超高清视频远程呈现、可感知的互联网、超高清视频流传输、高要求的赛场环境以及虚拟现实领域。eMBB 在网络速率上的提升为用户带来了更好的应用体验，满足了人们对超大流量、高速传输的极致需求。2016 年 11 月 17 日，在 3GPPRAN 第 187 次会议的 5G 短码方案讨论中，我国华为公司主推的 Polar Code（极化码）方案，成为 5G 控制信道 eMBB 场景编码最终方案。

2. 海量机器类通信（mMTC）

每平方千米可支持连接 100 万个设备，主要面向大规模物联网业务，以传感和数据采集为目标的应用场景，是实现万物互联必不可少的技术基础。在未来，人们生活中的基础设施和各类物品，像路灯、水表、垃圾桶、路上行走的汽车、家中安装的家具、工厂生产的商品等，都会被 5G 连接起来，这种物物相连将扩展至各行业用户，M2M 终端数量将大幅激增，物联网连接数规模将近十万亿，应用无所不在，前景十分广阔。

3. 低时延高可靠通信（uRLLC）

基于其低时延和高可靠的特点，主要面向垂直行业的特殊应用需求，比如无人驾驶、智慧工厂、远程医疗等需要低时延、高可靠连接的业务，这些场景对高稳定、低延迟的要求极为苛刻，即使是人们肉眼感觉不出来的延迟情况，在这些场景下也可能会造成"失之毫厘，谬以千里"的后果。像在智慧工厂中，由于每台机器都安装了传感器，通过传感器、传输到后台信息，再由后台下指令给传感器，这些过程都需要低延迟的传输，否则就会出现安全事故。

3.1.4 核心基建——5G 基站

5G 网络由无线接入网、承载网及核心网三部分组成，对应的网元分别是基站、传输设备及核心网设备。其中基站是通信网络的核心基础设施，在街道旁，在山顶上，在楼宇中，每一座普通的基站，都是我国通信发展史上不可或缺的基础设施建设，是移动通信网络顺利运行的基石。1986 年在秦皇岛，我国第一座移动通信基站调试完成。1987 年，第一个无线基站在广州建成。

在移动通信爆发的时代，基站建设也进入了前所未有的高峰期。5G 发展，基站先行。5G 基站的选址建设，是保证 5G 商用信号覆盖的基础，因此 5G 基站建设是 5G 产业布局的第一步。

在 2020 年 6 月 6 日，工业和信息化部新闻宣传中心举办的"5G 发牌一周年"线上峰会上，工业和信息化部信息通信管理局副局长鲁春丛表示，在网络建设方面，基础电信企业建成 5G 基站超过 25 万个；截至 2020 年底全部已开通的 5G 基站超过 71.8 万个。

得益于政府对 5G 的政策支持和引导作用，5G 网络发展速度迅猛。目前国内通信基站数量全球第一，基站密度全球第二，光纤渗透率也高达 90%以上，位居全球第一。5G 产业和以前的通信产业一样，最关键的角色是电信运营商，如同水、电、高速公路等国有基础设施企业收取设施使用费用一般，运营商负责建设覆盖全国的网络，并通过服务的形式卖给用户，用户根据自身使用的业务量（分钟数、短信条数、流量）进行付费。

中国三大电信运营商：中国移动、中国电信和中国联通本身就是 5G 产业发展的最大推动者，都把 5G 建设放在了自身工作计划的首要位置。2019 年三大运营商无线侧总开支计划为 1396 亿元，同比增长 19%。2020 年三大运营商 5G 设备招标规模近千亿元，其中基站规模最高，累计约 698 亿元。2020 年中国移动采购了 23 万个基站，中国电信、中国联通联合采购了 25 万个基站，累计超过 48 万个基站。

5G 基站的大规模建设，将会有效实现 5G 的全覆盖，未来将会支撑 5G 行业应用的技术进一步成熟，加快配套产业的培育，推动 5G 产业生态加速发展。

2021 年世界 5G 大会披露，中国 5G 商用两年来，已开通建设 5G 基站 99.3 万个，5G 终端手机连接数超 3.92 亿户，这两项数据的全球占比分别超过 70%和 80%。作为 5G 新基建的核心设施，在未来时间里，基站建设的步伐还会继续加快，对 5G 应用场景的支撑作用也会更加明显。

3.2 5G 让"万物互联"成为现实

3.2.1 车联网

车联网是以车内网、车际网和车载移动互联网（车云网）为基础，按照约定的通信协议和数据交互标准，在车 2X（X：车、路、行人及互联网等）之间，进行无线通信和信息交换的系统网络，是能够实现智能化交通管理、智能动态信息服务和车辆智能化控制的一体化网络。这里的 X 包含一切事物。

- V2N（Vehicle to Network），是车与互联网的连接，每辆车都会配有上网功能，可以获得导航信息，接收网络信息，是目前最广泛的 V2X 应用。
- V2V（Vehicle to Vehicle）是车与车的连接，让任意两辆车之间能够实现信息交换，知己知彼，避免碰撞和拥堵发生。好比在山路开车转弯的时候，会按下喇叭，如果弯角那边有迎面驶来的汽车，听到喇叭声就会放慢速度，转弯时会格外小心。V2V 就可以替代喇叭的提醒功能，无声无息通知对方。

- V2I（Vehicle to Infrastructure）是指车与基础设施的连接。基础设施包括交通信号灯、指示牌以及路边可能影响车辆行驶的任意设备。如果要依靠车路协同来实现自动驾驶，那么路边设施对车辆的指挥作用就会非常重要，所以 V2I 最大的价值将体现在自动驾驶汽车上。
- V2P（Vehicle to Pedestrian）是车与行人的连接。每个路上的行人，都可以通过车联网的通信设备，与路上行驶的汽车做到信息互动，汽车随时看到周边行人的动态，以及与车辆自身的距离，做到不会有碰撞发生。当然，要达到这种效果，行人必须拥有专门的通信设备，也许是手机里的一个 App 程序，但毕竟道路上行人众多，不可能每个人都安装，所以 V2P 实现起来难度很大。

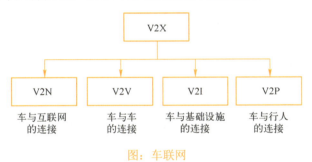

图：车联网

车联网是智慧交通中最具代表性的应用之一，通过 5G 通信技术实现"人—车—路—云"一体化协同，使其成为低时延、高可靠场景中最为典型的应用之一。融入 5G 元素的车联网体系将更加灵活，实现车内、车际、车载互联网之间的信息互通，推动与低时延、高可靠密切相关的远控驾驶、编队行驶、自动驾驶具体场景的应用。远控驾驶，车辆由远程控制中心的驾驶人进行控制，5G 用于解决其往返时延（RTT）需要小于 10 毫秒的要求。编队行驶，主要应用于卡车或货车，提高运输安全和效率，5G 用于解决 3 辆以上的编队网络高可靠低时延要求。

我国政府高度重视车联网产业发展,"制造强国""网络强国""交通强国"三大国家战略得到政府高层大力支持,各级政府陆续出台了产业指导政策,从加快基础设施建设、推广应用示范等多个方面积极响应和部署。

2017 年成立了车联网产业发展专项委员会,在国家制造强国建设领导小组下设立,由工业和信息化部、发展改革委、科技部、财政部、公安部、交通运输部等 20 个部门和单位组成,负责组织制定车联网发展规划、政策和措施,协调解决车联网产业发展重大问题,统筹推进产业发展。

2020 年 2 月,国家发展改革委等 11 部委联合印发了《智能汽车创新发展战略》,提出到 2025 年,中国标准智能汽车的技术创新、产业生态、基础设施、法规标准、产品监管和网络安全体系基本形成,到 2035 年,中国标准智能汽车体系全面建成。

3.2.2 无人机

无人机,全称是无人驾驶飞行器(Unmanned Aerial Vehicle)。在过去十年中,无人机的市场有了大幅增长,无人机已经可以广泛应用于工业、农业、能源、建筑、环保和公用事业等多个领域,从无线遥控飞行的半自主控制,到半自动控制,再到完全自主控制。无人机体型轻便,使用灵活,成为各行业、政府和消费应用的重要工具。

随着无人机的快速发展,对无人机的通信能力有了新的需求。如今,在大量的生产应用场景中,无人机已经具备了移动通信技术能力,就像汽车朝着智能网联的方向发展一样,无人机也逐渐演进到网联化阶段,成为空中的"智能手机"。通过巡视,实时传递前方真实的场景画面,并根据后台决策实施空中作业。

5G 技术将增强无人机运营企业的产品和服务,以最小的延迟传输大量的数据。无人机与 5G 乃至人工智能等技术的融合，将会编织一张覆盖全球的无人机通信网络，实现全球各个地区 7×24 小时的航拍、勘探、监测，以及各类空中作业服务，极大地丰富了 5G 在各个行业的深度应用场景。

例如农用无人机是引领 5G+农业的一个突破口，最重要的应用场景就是利用无人机对农田作物进行巡查，查看水位，有没有病虫，肥料够不够等。过去需要农民几个小时甚至几天的工作，无人机在短短的几分钟就能"洞察一切"。

5G+无人机将在新基建时代得到广泛应用，2019 年中国民用无人机市场规模突破 200 亿元。未来无人机在 5G 网络技术支持下，将构建一个丰富多彩的"网联天空"：

- 网联化：基于一张承载无人机和 MBB 用户的全连接网络，推进无人机网络连入蜂窝网络，实现无人机安全飞行，激发更多网联无人机应用。
- 实时化：在 5G 网络下，区域无人机全连接类场景应用。
- 智能化：通过 5G 网络+AI 技术实现无人机的自主作业，彻底实现 7×24 小时无间歇作业。

3.2.3 远程医疗

通过 5G 技术可承载医疗设备和移动用户的全连接网络，对无线监护、移动护理和患者实时位置等数据进行采集与监测，并在医院内的业务服务器上进行分析处理，提升医护效率。远程医疗主要包括远程诊断和远程会诊。

远程诊断中的电子病历、诊断结果等的传输速率在 200Kbit/s，现有网络基本上能够满足。但是 CR、DR、MR 等影像资料和 B 超资料的通信速率要求在 13Mbit/s，而现有网络的速率在 10Mbit/s，导致影像资料的传输时间过长，要耗费几分钟时间才能完成下载，影响了诊断工作效率。5G 相比传统的基础通信设施，其传输速率能够达到 1Gbit/s，能够以更高的上传和下载速率为数据传输带来便利。医疗专家不管是在办公室，还是在外出差，都可以享受极速下载，随时查看患者资料。而且 5G 的高可靠性还能保证在院外传输医疗数据，避免出现被盗取的危险，保护患者的隐私安全。

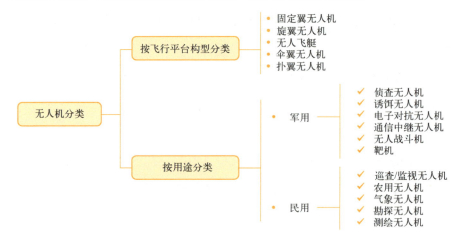

图：无人机的分类

远程会诊过程中，主要涉及高清视频通话和资料共享。在现有网络条件下，可以配置 1080P 高清视频设备。但未来随着 4K 等超高清视频设备的应用，其传输速率（20Mbit/s）现有网络将无法满足。而 5G 的数据传输速率能够达到 1Gbit/s，为基层医生、专家、患者之间进行超高清视频通话提供技术保障，而且专家在视频会诊过程中，还能实现秒速下载患者资料。同时 5G 的低时延性保证了彼此之间通话的实时性，不会感觉到通话延迟，提供了沟通的顺畅性和高效性。

3.2.4 超高清视频和 VR/AR

超高清视频被业界认为将是 5G 网络最早实现商用的核心场景之一。

典型特征是大数据、高速率，按照产业主流标准，4K、8K 视频传输速率应达到 12～40Mbit/s、48～160Mbit/s，4G 网络已无法完全满足其网络流量、存储空间和回传时延等技术指标要求，5G 网络良好的承载力成为解决该场景需求的有效手段。

当前 4K、8K 超高清视频与 5G 技术结合的场景不断出现，广泛应用于大型赛事/活动/事件直播、视频监控、商业性远程现场实时展示等领域，成为市场前景广阔的基础应用。2016 年里约奥运会期间实现了世界首次 8K 现场直播。

2019 年 3 月，国家出台了《超高清视频产业发展行动计划（2019-2022 年）》，对超高清产业的发展目标做出了明确指引，发展超高清产业正式成为国家战略。根据政策规划，到 2022 年全国超高清视频产业总体规模将超过 4 万亿元。超高清视频标准是整个产业发展的基石，超高清视频直接相关的视频技术和编转码、声音技术和三维声标准、HDR 技术和标准随着产业崛起开启了升级换代的新征程。

VR（Virtual Reality）：虚拟现实，是一种可以创建和体验虚拟世界的计算机仿真系统，它利用计算机生成一种模拟环境，是一种多源信息融合的、交互式的三维动态视景和实体行为的系统仿真，使用户沉浸到该环境中。VR 的应用分的两大类，一是通过多摄像头采集和拼接，将平面视频转化为 360°的全景视频展现，比如专业的体育赛事、音乐会、演唱会以及电影等。另一种是利用计算机模拟环境，通过仿真技术，让用户沉浸在三维动态的虚拟环境中，俗称 CG 技术，普遍用于教学、游戏、电影特效等场景中。

AR（Augmented Reality）：增强现实，是一种实时计算摄影机影像的位置及角度并加上相应图像、视频、3D 模型的技术，这种技术的目标是在屏幕上把虚拟世界套在现实世界并进行互动。AR 更多应用在工业、商业类应用中，同时在娱乐和游戏产业也有很多应用。

VR/AR 是近眼现实、感知交互、渲染处理、网络传输和内容制作等新一代信息技术相互融合的产物，新形势下高质量 VR/AR 业务对带宽、时延要求逐渐提升，速率从 25Mbit/s 逐步提高到 3.5Gbit/s，时延从 30ms 降低到 5ms 以下。伴随大量数据和计算密集型任务转移到云端，未来"Cloud VR+"将成为 VR/AR 与 5G 融合创新的典型范例。凭借 5G 超宽带高速传输能力，可以解决 VR/AR 渲染能力不足、互动体验不强和终端移动性差等痛点问题，推动媒体行业转型升级，在文化宣传、社交娱乐、教育科普等大众和行业领域培育 5G 的第一波"杀手级"应用。

3.2.5　6G 即将到来

5G 已经展开了全面商用，随着 5G 在垂直行业的不断渗透，通信行业的研究机构已经把目光转向了 6G 技术。从历史看，大约每十年左右，移动通信就会更新换代，如今我们已进入 5G 时代，预计 6G 将在 2030 年左右问世，2030 年之后，6G 将在 5G 基础上全面支持整个世界的数字化，并结合人工智能等技术的发展，实现智慧的泛在可取、全面赋能万事万物，推动社会走向虚拟与现实结合的数字孪生世界，实现数字孪生、智慧泛在的美好愿景。

围绕这一总体愿景，6G 网络将在智享生活、智赋生产、智慧社会三个方面催生全新的应用场景，比如孪生数字人、全息交互、超能交通、通感互联、智能交互等。

这些场景将需要太比特级的峰值速率、亚毫秒级的时延体验、超过 1000km/h 的移动速度以及安全内生、智慧内生、数字孪生等新的网络能力。为了满足新场景和新业务的更高要求，6G 空口技术和架构需要相应的变革。

5G 的驱动力来源于消费者不断增长的流量需求，以及垂直行业的生产力需求，本质上是商业需求驱动了 5G。6G 与 5G 不同，6G 的驱动力来源于商业需求和社会需求。相比 5G，6G 具有更广的包容性和延展性，因此 6G 将不只是传统电信运营商的业务领域，而会在传统运营商之外产生新的生态系统。比如由于引入频段越来越高，网络越来越密集，针对垂直市场的本地网络将越来越普遍，这些本地网络将由不同的利益相关者部署，从而驱动"本地运营商"模式，繁衍出新的生态系统。

6G 愿景是泛在无线智能。泛在，即 6G 服务将无缝覆盖全球用户；无线，即无线连接是关键基础架构的一部分；智能，即为全人类和万物提供情景感知的智能服务和应用。

6G 的社会驱动因素包括政治、经济、社会、技术、法律和环境等方面的社会需求，以进一步促进数字社会的包容性与公平性，比如让全球贫困人口、弱势群体和偏远的农村居民都能公平地享受教育、医疗、保健等服务。

3.2.6 6G 的应用和服务

1. XR 取代智能手机

尽管今天智能手机已成为我们生活中不可或缺的一部分，但随着网络技术、显示技术、传感和成像设备以及低功耗处理器的飞速发展，到了 6G 时代，VR、AR 和 MR 技术将通过可穿戴显示器、传感设备、网络与人类感官无缝集成，替代今天的智能手机，成为人类娱乐、生活和工作的主要工具。

2. 远程全息

从烽火传信、飞鸽传书、电报、电话到视频聊天，人类在远程通信和交互技术上不断进步。到了 6G 时代，随着高分辨率成像、传感、可穿戴显示器、移动机器人、无人机、处理器和无线网络技术的不断发展，远程全息将成为现实。

远程全息技术通过实时捕获、传输和渲染技术，将身处不同地方的人的 3D 全息影像传送到同一位置，使大家如同面对面坐在一起一样交流沟通。

远程全息不限于人与人之间的情感沟通，它将广泛应用于远程教育、协作设计、远程医疗、远程办公、远程培训等领域，是未来社会重要的生产力工具。

3. 车联网自动驾驶

2030 年以后，全球数百万联网的自动驾驶设备将在 6G 网络下协同运行，以使运输和物流尽可能更高效。这些自动驾驶设备包括公交车、校车、工业园区车、私家车、物流货车和无人机等。联网自动驾驶设备的好处在于可减少交通拥堵、减少尾气排放、提升运输效率，以及提高驾驶安全性。

4. 分布式智能边缘催生新服务

万物智联将自下而上产生海量数据，并推动人工智能空前发展，但要将海量数据传送到中心云端进行训练和推理是不切实际的，这需要云端的计算和智能下沉到边缘，在本地完成海量数据的实时推理。这就将产生广泛分布的边缘云。

尽管在 5G 时代，边缘云已经火热，但相信其在 6G 时代将空前繁荣，并进一步催生海量新服务。比如通过广泛分布的边缘云，用户终端的计算和智能可上移到边缘，从而可释放终端的计算压力，使之更低功耗和轻便，加速 XR 等应用繁荣。

边缘云将云端能力下沉到本地，让云计算能力和应用更接近用户侧，从而减少时延和网络负荷，就像今天的云应用繁荣生长一样，相信未来边缘云也必将催生海量的本地化即时应用和服务。

5．高精度定位催生新应用

随着 5G 发展，未来的移动通信网络将进入各行各业，大部分的垂直行业都需要定位服务，比如资产跟踪、精准营销、运输和物流、AR、医疗保健等应用，但传统卫星定位和蜂窝小区多边定位方法在城市和室内场景中并不精准，6G 时代的 3D 波束赋形技术可实现厘米级的精准定位，其与不断发展的感应、成像等技术集成，将催生海量新应用。

3.2.7　6G 网络特征

随着信息通信技术与大数据中心、人工智能的深度融合，网络泛在性的进一步扩展，用户体验和个性化服务需求的持续提升，许多新的技术不断涌现的同时，未来网络也呈现出如下的特征与发展趋势。

1．关键指标

- 移动通信网络每一代升级后，其性能都将提升 10～100 倍，6G 性能当然也将在 5G 基础上提升 10～100 倍。
- 单用户最高传输速率达 1Tbit/s。
- 5G 由小于 6GHz 扩展到毫米波频段，6G 将迈进太赫兹（THz）时代，网络容量将大幅提升。
- 网络时延达 0.1ms（极端工业控制场景）。
- 定位精准度达厘米级。

- 设备同步时延在 1μs 内。
- 连接设备密度达每立方米数百个。

2. 超安全和超可靠

到 2030 年，数字世界和物理世界将融合在一起，我们的生活将取决于网络的可靠运行。如果网络出现故障或遭到恶意攻击，将给社会带来不可估量的损失。因此，6G 网络必须绝对安全可靠，需将普遍存在的信任模型嵌入网络。

在可靠性方面，为了满足各行各业稳定可靠的、差异化的服务质量需求，5G 时代引入了网络切片技术。6G 将进一步完善和扩展网络切片能力，比如通过智能流量管理、边缘计算、用户按需流量编排策略等多种技术手段，最大化提升切片 SLA。

3. 数据隐私保护

万物智联时代将产生海量前所未有的数据信息，随着数据越来越多，其价值将变得比石油还珍贵，相信在 6G 时代将产生广阔的数据共享和数据交易市场。

但这些数据涉及个人或企业隐私，比如工业互联网将产生大量业务敏感数据，智慧健康将产生海量个人隐私信息，如果未来的数据访问权和所有权问题得不到规范和重视，6G 可能难以被社会接受，比如一些公司已经证明这些个人隐私信息有利可图，甚至已经侵犯了人们的利益，因此，数据隐私保护是未来推动 6G 服务和应用的关键推动力。

4. 天地一体网络

尽管 5G 定义了 eMBB、URLLC 和 mMTC 三大场景，但仍然无法满足所有垂直应用需求，未来需根据不同的用例情况重新定义或系统优化不同用例与网络能力之间的适配性，因此，6G 时代需进一步研究物理层和无线系统。

考虑未来需要全覆盖网络，缩小乃至消除数字鸿沟，除了地面网络，6G 还需要基于卫星和无人飞行器的基础设施来满足覆盖和容量需求，形成天地一体的立体网络。

5. 人工智能与无线网络融合

未来的网络越来越复杂，应用越来越多样化，无线收发器处理和终端应用也越来越复杂，能耗的挑战也越来越大。因此，人工智能将在 6G 无线空口和系统级解决方案中扮演重要角色。比如人工智能与无线电感测、定位等技术结合，可实时了解无线环境，主动预测无线链路丢失和最佳切换目标，以及主动分配最优无线资源等，甚至还可根据特定环境和业务需求，通过人工智能快速设计最佳无线空口。

3.3 5G 成为全球竞争的重要高地

3.3.1 5G 引领产业数字化转型

作为一种最新的通信技术，5G 的直接作用体现在连接上，连接的对象包括人和物。当然，4G 也是连接，但 4G 的连接主要体现在人与人的交互中，比如视频、语音等信息的传送。如果仍旧停留在人与人交互，4G 完全可以满足需要。如果只限于人与人交互，5G 并不能轻易地替代 4G，更不可能让用户为其买单。

5G 重点应用还是物与物相连的场景，在交通、工业、医疗、金融等多个行业，对信息高速率和低时延的要求远远高于我们普通的通信要求，比如自动驾驶车辆，在高速行驶中，必须保证足够低的时延，才能做到安全可靠，否则也许只有一两秒钟的延缓，就会酿成一起交通事故。

认识数字新基建

早在 2008 年，IBM 公司就提出了"智慧地球"的理念，随着物联网概念的普及，人们开始畅想"万物互联"的新世界。全球有 70 多亿人口，人人互联的规模存在一个上限。但说到万物互联，相比起来将是几百、几千、几万倍的连接规模，4G 与之相比，体量上完全不是一个数量级。

5G 的发展能够实现"万物互联"的远景目标，在国内外各大厂商和运营商眼中，5G 已经是必不可少的战略布局之一。在万物互联的背景下，设备连接数量将出现高速增长，由此会带动大规模的数据流量爆发，这就让用户对带宽体验有了前所未有的高要求。在以往的 3G 和 4G 时代，单纯的移动互联网场景，无论是个人用户还是企业用户，不同终端对带宽的要求差距并不明显。

但在万物互联的时代，各种设备都被连接入网，彼此的数据上传、下载和网络时延要求都有着千差万别，网络需要更加智能化。例如个人用户使用的 VR 设备，必须保证绝对低时延，才能提供良好的场景体验效果，同时不会有眩晕的感觉。当前的网络技术，并不能很好地满足物联网对于连接速率、网络延迟等技术要求，而 5G 能够成为"万物互联"场景的重要载体，5G 采用包括大规模天线阵列、超密集组网、新型多址、全频谱接入和新型网络架构在内的一组关键技术，可以满足各种物联网场景下差异化的需求。

5G 新型基础设施建设不仅将从根本上改变移动网络的现状，促进数据要素的生产、流动和利用，还将让各行各业能够更便于联通协同、提供服务，带动形成万亿级 5G 相关产品和服务市场。根据中国信息通信研究院发布的《5G 经济社会影响白皮书》数据显示：到 2030 年，在直接贡献方面，5G 带动的总产出和经济增加值分别为 6.3 万亿元和 2.9 万亿元；在间接贡献方面，5G 带动的总产出和经济增加值分别为 10.6 万亿元和 3.6 万亿元。

第 3 章　5G 与 6G——数字新基建的"神经网络"

当前，信息通信技术向各行各业融合渗透，经济社会各领域向数字化转型升级的趋势愈发明显。数字化的知识和信息已成为关键生产要素，现代信息网络已成为与能源网、公路网、铁路网相并列的，且不可或缺的关键基础设施，信息通信技术的有效使用已成为效率提升和经济结构优化的重要推动力，在加速经济发展、提高现有产业劳动生产率、培育新市场和产业新增长点、实现包容性增长和可持续增长中正发挥着关键作用。依托新一代信息通信技术加快数字化转型，成为主要经济体提振实体经济、加快经济复苏的共同战略选择。

图：5G 的直接和间接经济产出（亿元）

未来，5G 与云计算、大数据中心、人工智能、虚拟增强现实等技术的深度融合，将连接人和万物，成为各行各业数字化转型的关键基础设施。一方面，5G 将为用户提供超高清视频、下一代社交网络、浸入式游戏等更加身临其境的业务体验，促进人类交互方式再次升级。另一方面，5G 支持海量的机器通信，以智慧城市、智能家居等为代表的典型应用场景与移动通信深度融合，千亿量级的设备可接入 5G 网络。更重要的是，5G 还以其超高可靠性、超低时延的卓越性能，引爆如车联网、移动医疗、工业互联网等垂直行业应用。总体上看，5G 的广泛应用将为大众创业、万众创新提供坚实支撑，助推制造强国、网络强国建设，使新一代移动通信成为引领国家数字化转型的通用技术。

3.3.2 各国 5G 发展战略

1. 美国 5G 战略

美国非常重视 5G 技术发展。2016 年 7 月，美国 FCC 正式划分了 28GHz 频率 10.85GHz 用于 5G 网络建设；2018 年 8 月，美国联邦通信委员会（FCC）5G FAST 计划发布，内容包括为 5G 和 Wi-Fi 添加额外的无线电频谱；FCC 级别的基础设施政策改进，制定 5G 新规严格规定各州政府处理相关业务的时限及收费标准；更新联邦法规，共同减轻公司对 5G 技术的投资等。2018 年 9 月，时任美国总统特朗普的首席经济顾问拉里·库德洛表示，特朗普政府将采取"美国优先，5G 第一"的方式鼓励私营部门尽快部署 5G；2018 年 10 月 1 日，Verizon 正式推出了商用 5G 无线宽带业务。

2019 年美国联邦通信委员会（FCC）加快了部署 5G 网络的步伐，允许运营商竞标 3400MHz 的新频段，频率分别为 37GHz、39GHz 和 47GHz。不仅是拍卖频谱，FCC 还要斥资超过 204 亿美元成立基金，专门为偏远地区的家庭和小型企业建立互联网。

2019 年 4 月 12 日，时任美国总统特朗普发表了 5G 重要演讲，声称美国要成为 5G 时代的引领者，美国拟投入 2750 亿美元建设 5G 网络。2020 年 1 月 31 日，FCC 第三次毫米波频谱拍卖，收入 75.6 亿美元。

2. 欧盟 5G 战略

欧盟于 2016 年 7 月发布了《欧盟 5G 宣言——促进欧洲及时部署第五

代移动通信网络》，将发展 5G 作为构建"单一数字市场"的关键举措，旨在使欧洲在 5G 网络的商用部署方面领先全球。2016 年 11 月，欧盟发布了欧洲 5G 频谱战略。2017 年 12 月，欧盟确立了 5G 发展路线图，该路线图列出了主要活动及其时间框架。通过路线图，欧盟就协调 5G 频谱的技术使用和目的以及向电信运营商分配的计划达成了一致。到 2025 年，各个成员国将在城区和主要公路、铁路沿线提供 5G 服务。

3. 英国 5G 战略

英国在 2012 年建立了 5G 创新中心 5GIC。2017 年 3 月，英国政府发布了《下一代移动技术：英国 5G 战略》，从应用示范、监管转型、频谱规划、技术标准和安全等方面推进 5G 发展举措，目的是尽早发挥 5G 的技术优势，为英国争取未来数字经济的全球领先地位。

4. 韩国 5G 战略

韩国于 2018 平昌冬季奥运会上实现了 5G 首秀，由韩国电信运营商 KT 联手爱立信（基站设备）、三星（终端设备）、思科（数据设备）、英特尔（芯片）、高通（芯片）等产业链各环节公司全程提供的 5G 网络服务，成为 5G 全球首个大范围的准商用服务。2019 年 4 月，韩国科学技术信息通信部联合 10 个政府部门，召开了韩国 5G 技术协调会（Korean 5G Tech-Concert），发表了韩国 5G+战略。其中聚焦 5 项核心服务（沉浸式内容、智慧工厂、无人驾驶汽车、智慧城市、数字健康）和 10 大产业（新一代智能手机、网络设备、边缘计算、信息安全、车辆通信技术（V2X）、机器人、无人机、智能型闭路监控、可穿戴式硬件设备、AR 及 VR 设备），目标是在 2026 年之前创造 60 万个工作岗位、180 万亿韩元生产总值、出口额达 730 亿美元。

5. 日本 5G 战略

把 5G 定位为"构成经济社会与国民生活根基的信息通信基础设施"，

并将 5G 作为国家战略推进。将东京奥运会打造成为 5G 的重要应用盛典，日本三大移动运营商 NTT DoCoMo、Softbank、KDDI 于 2020 年在东京都中心城区等区域率先提供了 5G 服务，并用此后的 3 年时间将 5G 商业利用范围逐步推广至日本全境。

6. 德国 5G 战略

德国于 2016 年秋季启动了"德国 5G 网络倡议"，首次提出了一系列快速完善 5G 基础设施的措施。2017 年 7 月，德国联邦交通和数字基础设施部发布了《德国 5G 战略》，强调要全面优化德国现有实验场的基础设施条件，优化数字化基础设施条件，目标是让德国成为 5G 网络及应用的领导国家。

7. 我国 5G 战略

我国很早以前就意识到 5G 对产业升级和经济增长的关键引擎作用，在国家层面对 5G 技术发展给予了高度重视。将 5G 纳入国家战略，视为实施国家创新战略的重点之一。《"十三五"规划纲要》《国家信息化发展战略纲要》等战略规划均对推动 5G 发展做出了明确部署。早在 2013 年，工业和信息化部、国家发展改革委和科技部支持产业界成立了 IMT-2020（5G）推进组，组织移动通信领域产学研用单位共同开展技术创新、标准制定、产业链培育及国际合作。在各方的共同努力下，我国 5G 发展取得了明显成效。

2015 年 9 月 28 日，国务院副总理马凯提出了中国力争在 2020 年实现 5G 商用；

2017 年 8 月，国务院印发了《关于进一步扩大和升级信息消费持续释放内需潜力的指导意见》，要求中国力争在 2020 年启动 5G 商用；

2018 年 12 月初，我国完成了 5G 频谱分配，包括 3.5GHz 与 2.6GHz；2018 年 12 月中央经济工作会议要求加快 5G 商用步伐；

2019年6月6日，工业和信息化部发放了4张5G商用牌照；2019年10月31日，我国三大电信运营商共同宣布了5G商用服务启动，并发布了相应的5G套餐，席卷全球的5G浪潮正式走进我国的千家万户。

2020年以来，高层会议频繁发声，推动5G网络加快建设，要求发挥5G"稳投资""带动产业"的作用。

2020年2月22日，工业和信息化部召开"加快推进5G发展、做好信息通信业复工复产工作"电视电话会议。会议强调：要加快5G商用步伐，推动信息通信业高质量发展。此次会议对我国5G建设的加速和应用的落地进行了有力的指导和催化。

2020年3月24日，工业和信息化部发布了《关于推动5G加快发展的通知》，共涉及5方面18项措施，全力推进5G网络建设、应用推广、技术发展和安全保障。

截止到2020年3月份，我国已有20余省区市发布了5G相关的指导意见或行动方案，通过鼓励创新、加快网络建设、推广应用等，积极推动5G技术产业进步，并赋能经济社会发展。各类相关政策文件超过200个。在广东、浙江等一些5G发展较快的地区，政府更是出台了多达数十个政策。

中国信息通信研究院预计，到2025年5G网络建设投资累计将达到1.2万亿元，累计带动相关投资超过3.5万亿元。

第 4 章

人工智能——新一轮科技革命的核心驱动力

4.1 人工智能技术产业的发展现状

4.1.1 人工智能的定义内涵和发展历程

人工智能是计算机学科的一个分支，20 世纪 70 年代以来被称为世界三大尖端技术（空间技术、能源技术、人工智能）之一，也被认为是 21 世纪三大尖端技术。人工智能就是用计算机来模拟人类思维活动的技术，人工智能包含计算机科学、生物学、心理学、语言学、哲学等多个学科范畴。

1950 年，计算机之父图灵发表论文，第一次提出了机器智能设想。图灵提到的关于"图灵测试""机器学习""遗传算法"和"强化学习"等理论构成了日后人工智能的重要分支。1956 年，麦卡锡、香农等 10 位年轻学者在达特思茅夏季人工智能研究会议上首次提出了人工智能（Artificial Intelligence，AI）的概念。即人工智能就是要让机器的行为看起来像是人所表现出的智能行为一样。

按照机器是否可以产生自我认知和适用范围，又将人工智能分为弱人

认识数字新基建

工智能(专用人工智能)和强人工智能(通用人工智能)。

弱人工智能:机器没有自我意识,不具备真正的推理和独立解决问题的能力,通常只适用于特定条件下某一类问题的解决,如人脸识别、语音识别、语义理解等,故弱人工智能也被称为专用人工智能。现阶段,人工智能技术的研究和应用主要集中在弱人工智能领域。

强人工智能:机器具有一定的自我意识,能够通过学习拓展功能,即当机器意识到自身不具备某种功能时,可自行学习至获得相关技能。故强人工智能可以独立面对各种复杂情况,具有一定的通用性,又称通用人工智能。

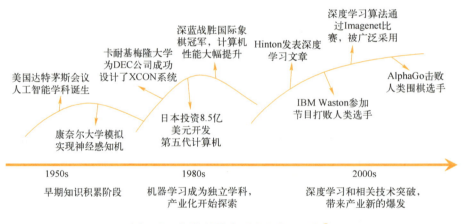

图:人工智能从技术到产业发展历程

从 21 世纪开始,随着大数据中心、云计算、互联网、物联网等信息技术的发展,以深度学习为代表的人工智能技术迎来了飞速发展,诸如图像分类、语音识别、知识问答、人机对弈、无人驾驶等人工智能技术纷纷实现了重要突破,并开始成功落地应用,人工智能开始了爆发式增长的新高潮。

当前,人工智能已成为全球科技发展最热门的领域,在数据、算法、

㊀ 中国信通院、Gartner《2018 世界人工智能产业发展蓝皮书》

算力的共同推动下，人们充分体会到人工智能的巨大价值和发展潜力。这其中，深度学习已成为人工智能最核心的驱动力量。

深度学习的概念产生于 2006 年，杰弗里·辛顿（Geoffrey Hinton）以及他的学生鲁斯兰·萨拉赫丁诺夫（Ruslan Salakhutdinov）正式提出了深度学习的概念。他们在世界权威学术期刊《科学》发表的一篇文章中详细地给出了"梯度消失"问题的解决方案——通过无监督的学习方法逐层训练算法，再使用有监督的反向传播算法进行调优。该深度学习方法的提出，立即在学术圈引起了巨大的反响，并受到了科研机构、工业界的高度关注。

在 2010 年前后，随着 GPU 的大幅进步和使用，算力已经不是障碍，互联网又带来了海量的数据。深度学习面临的几大障碍被解决，深度学习迎来了新的阶段。

在 2016 年，谷歌 DeepMind 基于深度学习开发的机器人 AlphaGo，以 4∶1 的比分战胜了韩国围棋 9 段李世石，引发了世界的关注。如今，深度学习在安防、医疗、教育、金融和汽车等多个领域均取得了显著的成果。

正是通过人机大战，使得原本隐藏在实验室里面，非常神秘的人工智能技术，开始走进公众视野，成为大家茶余饭后的谈资，更成为当前最为热门的科技词语。通过媒体的报道，人们了解到，如今人工智能已经渗透到了我们的衣食住行等多个领域，正在成为未来推动世界变革的重要动力。

4.1.2　人工智能的技术体系架构

人工智能并不是一种单一的技术，而是包括基础技术、核心技术和应用技术等多种技术的总集，构成了人工智能的技术体系。关于人工智能的技术体系，有很多个版本，这里我们选取中国信息通信研究院《人工智能技术白皮书（2018 年）》中的体系架构来介绍。

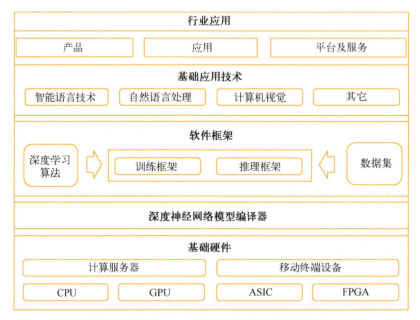

图：基于深度学习的人工智能技术应用架构图

首先是基础硬件层，为 AI 提供了计算能力，也就是算力，包括我们常说的 CPU 和 GPU，还包括为特定场景应用而定制的计算芯片，以及基于计算芯片所定制的服务器，包括 GPU 服务器集群，各类移动终端设备以及类脑计算机等。

其次是深度神经网络模型编译器，包括底层硬件和软件框架，以及不同软件框架之间的桥梁。该层旨在为上层应用提供硬件调用接口，解决不同上层应用在使用不同底层硬件计算芯片时，可能存在的不兼容等问题。其涵盖范围包括针对人工智能计算芯片定向优化的深度神经网络模型编译器，以及针对不同神经网络模型表示的规定及格式。

第三是软件框架层，指的是为了实现某个业界标准或完成特定基本任务的软件组件规范，也指为了实现某个软件组件规范时，提供规范所要求的基础功能的软件产品。软件框架层实现算法的模块化封装，为应用开发提供集成软件工具包。该层涵盖范围包括针对算法实现开发的各类应用及算法工具包，为上层应用开发提供了算法调用接口，提升了应用实现的效率。

最后是基础应用技术，主要是计算机视觉、智能语音、自然语言处理等，通过形成相应的产品或服务，实现人工智能的商业化落地。

4.1.3 人工智能的核心技术

1. AI 芯片

芯片是一种微型电子器件或部件，采用一定的工艺，把一个电路中所需的晶体管、电阻、电容和电感等元件及布线互连在一起，制作在一小块或几小块半导体晶片或介质基片上，然后封装在一个管壳内，成为具有所需电路功能的微型结构。其中所有元件在结构上已组成一个整体，使电子元器件向着微小型化、低功耗、智能化和高可靠性方面迈进了一大步。

芯片是人工智能发展的核心关键技术，面向人工智能算法使用的都可以叫作 AI 芯片，更详细的划分可以包括 4 种 AI 芯片：第一种是 CPU，第二种是 GPU，第三种是 FPGA，第四种是 ASIC。

2. 深度学习框架

深度学习框架介于底层硬件和上层应用之间，由核心训练和预测框架、系统调用接口共同构成。向下直接影响芯片的指令设计，向上提供应用接口支持各类模型的开发，进而基于这些模型开发出各类 AI 应用。深度学习框架是研究者和开发者从事人工智能研究、开发人工智能应用的必备工具，几乎所有的企业 AI 应用都基于开源的深度学习训练框架开发。

认识数字新基建

4.2 产业智能化的典型应用

4.2.1 自动驾驶汽车

自动驾驶汽车是人工智能的集大成应用，其本质是软件定义汽车（Software Defined Vehicles，简称 SDV）。

关于自动驾驶的标准，目前全球公认的汽车自动驾驶技术分级标准有两个，分别由美国高速公路安全管理局（NHTSA）和国际自动机工程师学会（SAE）提出。前者将自动驾驶技术从低到高划分为 4 级，后者为 5 级，但在对每一级别的功能描述上基本一致，唯一的区别是，SAE 把 NHTSA 关于最高一级的功能，又细化为两个级别，由此才会多出一个级别。

表：自动驾驶分级表

| 自动驾驶分级 | | 名称 | 定义 | 驾驶操作 | 周边监控 | 接管 | 应用场景 |
NHTSA	SAE						
L0	L0	人工驾驶	由人类驾驶者全权驾驶汽车	人类驾驶员	人类驾驶员	人类驾驶员	无
L1	L1	辅助驾驶	车辆对方向盘和加减速中的一项操作提供驾驶，人类驾驶员负责其余的驾驶动作	人类驾驶员和车辆	人类驾驶员	人类驾驶员	限定场景
L2	L2	部分自动驾驶	车辆对方向盘和加减速中的多项操作提供驾驶，人类驾驶员负责其余的驾驶动作	车辆	人类驾驶员	人类驾驶员	限定场景
L3	L3	条件自动驾驶	由车辆完成绝大部分驾驶操作，人类驾驶员需保持注意力集中以备不时之需	车辆	车辆	人类驾驶员	限定场景
L4	L4	高度自动驾驶	由车辆完成所有驾驶操作，人类驾驶员无须保持注意力，但限定道路和环境条件	车辆	车辆	车辆	限定场景
L4	L5	完全自动驾驶	由车辆完成所有驾驶操作，人类驾驶员无须保持注意力	车辆	车辆	车辆	所有场景

2020 年 3 月 9 日，工业和信息化部在官方网站上发布了《<汽车驾驶自动化分级>推荐性国家标准报批公示》，预示着中国将正式拥有自己的自动驾驶汽车分级标准。我国的《汽车驾驶自动化分级》基于驾驶自动化系统在执行动态驾驶任务中的角色分配，以及有无设计运行条件限制，自动

驾驶汽车将以 5 个要素为主要依据，被划分为 0 级（应急辅助）、1 级（部分驾驶辅助）、2 级（组合驾驶辅助）、3 级（有条件自动驾驶）、4 级（高度自动驾驶）、5 级（完全自动驾驶）共 6 个不同的等级。和 SAE 分级标准相比，在整体分级思路和分级划分标准上大体一致。

自动驾驶系统划分为三大部分：感知层、决策层和控制层，分别负责驾驶人的这三项任务。

- 感知层：驾驶人的眼睛、耳朵，用来掌握车辆周围的环境情况，需要使用到激光雷达、毫米波雷达、摄像头、GPS 等器件，以及高清数字地图软件。
- 决策层：驾驶人的大脑，通过感知层传来的信息，运用算法进行分析决策，并向控制层输出调整车速、方向的指令，需要使用具备人工智能算法的系统平台，能够通过复杂的算法模型，高速运算车辆传感器采集的海量数据，是自动驾驶的核心要素。
- 控制层：驾驶人的手脚，接收来自大脑的指令，控制车辆的刹车、油门、方向盘等，按照既定要求调整车速和方向。

中、美自动驾驶的代表公司分别是百度和谷歌，谷歌早在 2005 年就涉足了无人驾驶领域，由斯坦福大学人工智能实验室的主任、谷歌街景地图服务的创造者之一塞巴斯蒂安-特龙（Sebastian Thrun）领导研发。凭借自身强大的人工智能算法实力，谷歌无人驾驶项目一路走来，2012 年获得美国首个无人驾驶车辆许可证，2016 年更是拆分出独立的子公司 Waymo，专门运营无人驾驶业务。2017 年，Waymo 获得了美国国家高速公路交通安全机构的认定文件，正式允许真人乘坐无人车。

在国内无人驾驶领域，百度处于领先地位。百度仿照"安卓系统"，走的是开放平台路线，2017 年推出了面向全球开发者和汽车产业免费开放的 Apollo 平台，平台上提供具备 L3、L4 级别的自动驾驶功能模块，与汽车产业合作研发无人驾驶汽车，目前在全球范围内拥有大约 120 家合作伙伴，其中包括戴姆勒、宝马、博世等汽车及配件行业巨头，Apollo 被业内称为是无人驾驶领域的"安卓系统"。

随着人工智能技术的不断发展，自动驾驶已经成为最具有发展潜力的智能化领域之一，在新基建政策的驱动下，中国自动驾驶产业也将步入快车道。以北京为例，截至 2019 年年底，北京市已累计开放 4 个区县自动驾驶测试道路共计 151 条，总长度 503.68 千米。2020 年 6 月，中关村又开放了一期自动驾驶测试道路，至此，北京市累计自动驾驶路测开放道路达到了 200 条，总长度 699.58 千米，道路长度领跑全国。在北京版"新基建"方案中，针对自动驾驶，北京市还提出了三年内铺设网联道路 300 千米，建设超过 300 平方千米自动驾驶示范区的整体目标。

2020 年德勤最新预测，未来三到五年，汽车智能化、网联化将迎来一轮高速推进，预计至 2030 年，中国运营的自动驾驶车辆将达到 3000 万辆。在 5G、人工智能等新基建技术刺激下，自动驾驶将极大地推动中国智慧交通和智慧城市的发展。

4.2.2 智能辅助医疗

中国医疗健康行业的核心痛点在于供给与需求之间的不匹配矛盾。在人口老龄化的背景下，医疗需求持续攀升、医保支付压力增大、医疗资源不均衡的问题愈发突出。当前，随着 AI 等新技术手段的融入，为医疗体系的改革以及健康发展注入了新的活力。

医疗行业拥有海量数据，无论是影像机器产生的医学影像数据、患者就诊产生的临床数据和就医行为数据，还是药物研发中需要处理的组学数据等，都是 AI 落地医疗的优势基础。通过自然语言处理、计算机视觉、深度学习等技术，AI 可为医疗健康行业带来诊费支出节约、药物研发成本降低及周期缩短、患者科学化健康管理等收益。

AI 辅助医疗会诊具体是指在医生诊断、治疗等环节，引入自然语言处理、深度学习、计算机视觉等人工智能技术，采集与分析各类医疗数据信息，辅助医生进行诊断决策，提高医疗诊断准确率与效率，减少医生重复性和标准化操作，让患者享受智能、便利、优质的诊疗服务。

随着我国老龄化社会加剧，慢性病发病率不断升高等因素，我国的诊疗人次逐渐提高。根据中国国家统计局的数据显示，从 2010 年到 2017 年中国的诊疗人次从 58.4 亿人次上升至 85.2 亿人次，医院面临的就诊压力日益增大，医疗机构的医生存在严重不足，以智能化技术辅助和替代医生会诊的需求日益突出。

智能会诊运用自然语言处理和深度学习等人工智能技术，广泛采集和学习医学文献、诊疗检测和患者病历等各方面医疗信息，通过医疗大数据和知识图谱，建立和不断优化诊断模型。如今，智能会诊技术已经应用在包括电子病历结构化，患者与科室医生进行精准匹配，医学影像智能分析，辅助医生进行诊断决策等多个场景，全面提高医疗会诊的质量、效率和患者满意度。

2016 年 10 月，百度率先推出了"百度医疗大脑"，对标 Google 和 IBM 的同类产品，"百度医疗大脑"的出现标志着我国人工智能技术正式应用到医疗领域。"百度医疗大脑"是通过医疗数据、专业文献的采集与分析进行智能化的产品设计，模拟医生问诊流程，与用户交流，依据用户症状提出可能出现的问题，并通过验证给出最终建议。目前，百度公司已经开发出"智能分导诊""AI 眼底影像筛查"和"临床辅助决策支持系统"3 个"AI+医疗"产品服务。

2017 年 3 月，阿里巴巴推出了"ET 医疗大脑"。"ET 医疗大脑"可以辅助医生判断甲状腺结节点，并给出良性或者恶性的判断。同年，阿里健康推出了医疗人工智能系统"Doctor You",该系统包括临床医学科研诊断平台、医疗辅助检测引擎、医师能力培训系统等。

在 2017"互联网+"数字经济中国行·广东峰会上,腾讯正式发布了首个"医疗+人工智能"研发成果"腾讯觅影"。同年,"腾讯觅影"入选国家首批人工智能开放创新平台。

4.2.3　智能制造

随着 5G、人工智能、物联网、云计算等技术的快速发展,智能经济成为世界各国关注的焦点。2019 年的政府工作报告中首次提出了"智能+"的概念,将智能制造确定为了国家经济发展新动能的重要发展方向,促进先进制造业和现代服务业融合,为制造业转型升级赋能。2020 年中央政治局会议中提到了要加快 5G、人工智能、工业互联网等"新基建"产业发展,这些技术都是实现制造业智能化升级的基础条件。

面对美国等发达国家制造业复兴战略带来的竞争压力,我国正处于发展模式转型升级的关键阶段,推动制造业高质量发展具有尤其重要的意义。新一轮工业革命与实施制造强国战略形成了历史性汇合,我们需要把握这个变革趋势和时间窗口,推动制造业和新一代信息技术的深度融合。在信息技术革命的带动下,通过技术创新改造落后产能,不仅在制造业总量上保持优势,而且需要进入更多高端制造领域,通过部署 5G 和人工智能等技术,发展"智能工厂"模式,不断提升自身制造业水平。推动我国从制造业大国向制造业强国的转变,实现创新发展,让我国经济向高质量发展转型。

目前,我国制造业信息化水平参差不齐,且制造产业链条远比其他行业复杂,更强调赋能者对行业背景的理解,这都造成了制造业的 AI 赋能相比其他行业门槛更高、难度更大。智能制造的终点是从数字化、网络化最终实现智能化。人工智能技术强化了制造业企业的数据洞察能力，是企业实现智能化管理和控制的技术保障，是制造业企业转型升级的有效手段，也是打通智能制造最后一千米的关键环节。算法、算力和数据的爆发推动人工智能技术不断迈向更高层次，使采用多种路径解决复杂工业问题成为可能。在传感器、工业大数据、云服务及云计算等技术广泛应用于制造业的基础上，人工智能将助力制造业企业完成智能化制造的冲刺阶段。

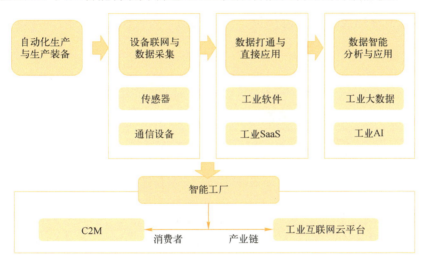

图：智慧工厂发展阶段㊀

4.2.4 智能机器人

人工智能技术使传统的 IT（信息技术）时代向未来的 RT（机器人技术）时代过渡，智能机器人作为集机械、电子、控制、计算机、传感器、人工智能等多学科先进技术于一体的自动化装备，对未来的生产生活必然会产生革命性影响。

㊀ 《2019 中国智能制造研究报告》

根据美国机器人协会的定义，智能机器人是一种可编程和多功能的操作机器，它具有至少一项或多项拟人功能，另外还可能具有某些环境感知，以及语言功能乃至逻辑思维、判断决策功能等，从而使其能在要求的环境中代替人进行作业。从应用角度讲，常见的智能机器人包括工业机器人、服务机器人及特种机器人等。

智能机器人是人工智能技术和自动化技术的集大成者，其关键技术总体包括感知技术、智能决策、运动控制、人机交互和多机器人协作技术等。

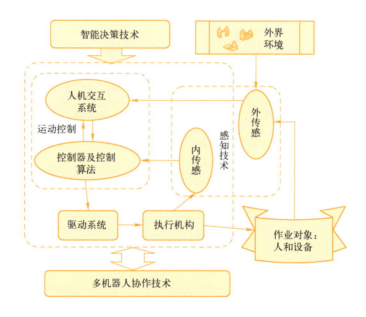

图：智能机器人技术框架

1. 手术机器人

全球人口老龄化问题已成为不争的事实。日益严峻的形势下，医疗服务需求与日俱增。在科技的带动下，各类医疗机器人应运而生并陆续投入使用。

在医疗机器人中,手术机器人以操作精度强与技术门槛高而著称,因此被称为"机器人产业皇冠上的明珠"。按照应用领域,手术机器人主要分为骨科手术机器人、腹腔镜手术机器人、血管介入手术机器人,以及神经外科手术机器人。

2019 年 11 月,15 部门联合印发的《关于推动先进制造业和现代服务业深度融合发展的实施意见》提到,重点发展手术机器人、医学影像、远程诊疗等高端医疗设备,可穿戴监测、运动、婴幼儿监护、适老化健康养老等智能设备。2021 年 2 月,工业和信息化部发布的《医疗装备产业发展规划(2021—2025 年)》征求意见稿中,手术机器人被列为重点发展领域。

其中,骨科机器人是手术机器人中发展较为成熟的一个分支领域。据 Medgadget 公布的数据称,2020 年骨科手术机器人市场规模约为 3 亿美元,到 2027 年,全球骨科手术机器人市场规模将达到 35 亿美元。骨科机器人主要应用于脊柱、创伤和关节手术的术前规划和导航定位,其关键技术包括机械系统、图像导航、人机交互等。

相比人类医生,手术机器人在精准、微创中有着不可替代的作用,能够减少医护人员的职业性损伤,缩短学习曲线,让优质医疗资源下沉。借助远程控制技术,医生可以操作手术机器人间接完成手术,打破手术物理距离的限制。

手术机器人的独特优势正在助推行业迈向广阔前景。据业内数据分析,预计未来五年,全球手术机器人行业将以 19%的年复合增长率持续增长,到 2024 年市场规模将达到 132.9 亿美元。

2. 仓储机器人

伴随全球电商行业的迅猛发展,物流业也得到了快速壮大,与此同时极大地刺激了对货物仓储的需求量,但仓储行业一直以来存在着无规划、用地紧张、缺乏管理、效率低下等痛点，仓储机器人的广泛普及能够有效缓解这一问题，自然也成为一个具有巨大潜在价值的未来市场。据国际权威物流与供应链研究咨询公司 Logistics IQ 报告预计，2019—2025 年，全球仓储自动化市场规模的复合年增长率将为 11.7%，2025 年全球仓储自动化市场将达到 270 亿美元。

仓储机器人可通过接受指令或系统预先设置的程序来自动执行货物转移、搬运等操作，工业用 AGV（自动导引搬运小车）就是其中的典型代表。

AGV 已经取代了大部分的人工，可以承担拣选、搬运、上架、分拣、补货、退货和盘点等一系列的工作。由于具有较快的运行速度，AGV 能够将工作效率平均提高 3~4 倍，而其通过与仓库系统相连接，则能提升 80%的存储密度。

4.3 人工智能推动智能经济发展

4.3.1 各国人工智能战略布局

据中国信息通信研究院等机构统计，自 2013 年以来，全球已有美国、中国、英国、德国、日本等 20 余个国家和组织发布了人工智能相关战略规划，尤其是近几年来，各国加强顶层设计，密集发布人工智能战略。

1. 美国

美国是第一个将人工智能上升到国家战略层面的国家。从 2016 起，美国发布了一系列相关战略规划文件和报告，确保人工智能在全球的领先地位。

2016 年，美国白宫发布了《国家人工智能研究和发展战略计划》，明确了人工智能保持领导地位的目标，具体制定了长期投资人工智能研究、开发有效的人机协作方法等 8 项战略任务。

2018 年，为遏制战略竞争对手的发展，美国商务部将人工智能技术列入出口管制清单，征集公众意见，限制技术转让。同年，白宫宣布成立人工智能特别委员会，负责统筹人工智能相关的跨部门重点事项，与国防部展开密切合作。

2019 年，时任总统特朗普签署了《维护美国在人工智能时代的领导地位》行政命令，从国家层面调动更多联邦资金和资源，长期支持人工智能研究作为战略任务之首。举国家之力，确保美国在人工智能和相关领域保持研发优势，并提出了 5 个必须加强和发展的任务：（1）必须在联邦政府、工业界和学术界推动人工智能技术突破，促进科学发现、经济竞争力和国家安全；（2）必须推动制定适当的技术标准，减少人工智能技术安全测试和部署的障碍，让现有行业应用人工智能，创建新的人工智能产业；（3）必须培养具备人工智能开发和应用技能的美国人才；（4）必须培养公众对人工智能技术的信任和信心，并保护公民自由、隐私和美国价值观；（5）必须促进支持美国人工智能研究和创新的国际环境，开辟市场，保护技术优势，保护关键技术免受战略竞争对手和敌对国家的收购。

2020 年 2 月，白宫科技政策办公室发布了《美国人工智能行动：第一年度报告》，包括投资人工智能研发、释放人工智能资源、消除人工智能创新障碍、培训人工智能人才、打造支持美国人工智能创新的国际环境，致力于在政府服务和任务中打造可信的人工智能。

2021 年 4 月 9 日，美国国家安全人工智能委员会副主席罗伯特·沃克表示：美国需要正视发展人工智能在与中国、俄罗斯进行现代化竞争中的重要性。须将发展人工智能置于核心地位，通过建立新兴技术指导委员会、协调科学家进行人工智能研究等方法，保证美国在 2021 财年结束前设定人工智能发展目标，并准备在 2025 年，通过美国国防部广泛推广与使用人工智能。

2．欧盟

2018 年 4 月，欧盟发布了《欧盟人工智能战略》，旨在提高人工智能研发的竞争力，共同应对人工智能在社会经济、伦理及法律方面的机遇和挑战，确保以人为本的人工智能发展路径，打造世界级人工智能研究中心，在类脑科学、智能社会、伦理道德等领域开展全球领先研究，并提出了三大目标任务：（1）增强欧盟的技术与产业能力，推进人工智能应用；（2）为迎接社会经济变革做好准备；（3）确立合适的伦理和法律框架。

2018 年 12 月 18 日，欧盟委员会公布了《可信赖的人工智能道德准则草案》，目标是创造一种"欧洲制造的值得信赖的人工智能"文化，使欧洲成为一个全球领先的人工智能创新者。

2020 年，欧盟发布了《人工智能白皮书：通往卓越与信任的欧洲之路》，并提出了构建卓越且可信的人工智能生态，建立"卓越生态系统"。为实现"卓越"目标，向世界输出欧洲人工智能价值观与规则，推动公共部门应用人工智能；建立"信任生态系统"，为实现"可信赖"目标，应构建欧洲共同人工智能监管框架，按照风险分级监管。

3．英国

2017 年通过了《在英国发展人工智能》报告，并提出了让英国成为世界上人工智能商业发展和部署最好的地方，从起步、发展到繁荣，逐步收获技术红利。重点目标任务涉及数据获取、人才培养、成果转化和行业发展，并且主导企业伦理标准。

2018 年 4 月英国发布了《产业战略：人工智能领域行动》计划，并提出了五大目标：（1）打造世界最创新的经济；（2）为全民提供好工作和高收入;(3)升级英国的基础设施;(4)打造最佳的创业环境;(5)建设遍布英国的繁荣社区。英国商业、能源和工业战略部随后出台了《人工智能行业》计划,进一步确定将加大对人工智能领域的资源投入。根据计划,英国政府重点从加大研发投入、促进技术应用、吸引人才方面促进人工智能发展。该计划预计总投入近10亿英镑,包括政府公共基金3亿英镑和带动商业银行融资、风投等私人领域的7亿英镑。

英国政府还专门成立了人工智能委员会,就人工智能发展战略向政府提供独立建议。同时,英国政府设立了人工智能办公室,与人工智能委员会合作制定和实施人工智能战略,提升对英国本土人工智能企业全球化发展的支持力度,并推动谷歌、亚马逊、TikTok 等全球数字巨头在英国设立新总部和研发中心。

2021年1月,人工智能委员会向英国政府提供了人工智能路线图,认为人工智能可以在2030年使英国GDP增长10%,为政府发展人工智能提出把握智能研究、开发和创新方面的战略领导地位,促进数据和基础设施建设,推动人工智能跨部门应用等16项建议。2021年3月,数字大臣奥利弗·道登宣布更新英国的人工智能战略,新战略将侧重于广泛应用人工智能促进经济增长,促进人工智能以负责任、安全和可信赖的方式良性发展。

4. 德国

德国早在2012年就在10项未来高科技战略计划中把智能工厂为重心的工业4.0列为重要计划之一,其中包括人工智能、工业机器人、物联网、云计算、大数据中心、3D打印等在内的技术得到了大力支持。

德国政府2018年推出了《联邦政府人工智能战略》,并将其作为德国人工智能领域发展的重要政策框架。其总体目标为打造研发应用全球领先的"人工智能德国制造"品牌。具体提出以下任务:(1)争取德国和欧洲人工智能方面全球领先地位，保障德国未来竞争力；（2）以人类共同福祉为导向，负责任地开发利用人工智能；（3）在积极政策框架下，广泛开展社会对话，推进人工智能伦理、法律、文化和制度方面与社会深度融合；（4）制定基础研究、技术转化、创业、人才、标准、法律法规以及国际合作等多个领域具体行动措施。

2020 年，德国政府根据形势发展变化的需要，对该战略进行了修订，通过加大投资、培养人才、强化研发等手段打造德国在全球人工智能领域的领先地位。总体上看，德国在人工智能领域有以下主要目标：（1）打造人工智能"德国制造"品牌；（2）发挥德国工业 4.0 的领先优势，加速人工智能在工业领域的应用转化；（3）将德国建成全球人工智能领域人才聚集地；（4）在人工智能领域贯彻"以人为本"的发展思路。围绕核心目标，德国政府在研发、财政、人才培养等方面出台了一系列措施。

5. 日本

2017 年，日本政府制定了人工智能产业化路线图，以建设超智能社会 5.0 为引领，针对制造业、医疗和护理行业、交通运输等领域，通过人工智能强化其在汽车、机器人等领域全球领先优势，着力解决本国在养老、教育和商业领域的国家难题。

日本将 2017 年确定为人工智能元年，计划分 3 个阶段推进利用人工智能技术，大幅提高制造业、物流、医疗和护理行业效率。

第一阶段（2020 年前后），确立无人工厂、无人农场技术；普及利用人工智能进行药物开发支援；通过人工智能预知生产设备故障。第二阶段（2020~2030 年），实现人员和货物运输配送的完全无人化；机器人的多功能化、机器人协调工作；实现针对个人的药物开发；利用人工智能控制家电。第三阶段（2030 年之后），看护机器人成为家里的一员；普及移动的自动化、无人化将人为原因的死亡事故降至零；通过人工智能分析潜在意识，可视化想要的东西。

日本 2019 年出台的《人工智能战略 2019》设有三大任务目标：奠定未来发展基础；构建社会应用和产业化基础；制定并应用人工智能伦理规范。

4.3.2　人工智能是产业智能化升级的推动力

根据熊彼特的周期理论，每一次重大的技术革命，都会带来 50～60 年的经济长周期。人工智能技术发展始于 20 世纪中叶，至 20 世纪 80 年代开始逐步产业化，但成效并不明显。2010 年后，随着语音识别、计算机视觉等技术相继取得重大进展，围绕语音、图像等人工智能技术的创业大量涌现，技术革命的重大突破，促使人工智能产业发展进入快车道。

近年来，随着人工智能等多领域新技术相继取得重大突破，第四次工业革命将会引领全新一轮的经济增长周期。麦肯锡预计，2030 年人工智能可能为全球额外贡献 13 万亿美元的 GDP 增长，平均每年推动 GDP 增长约 1.2%，足以比肩历史上的蒸汽机、工业机器人和信息技术等通用技术所带来的变革性影响。

人工智能在新基建框架中扮演着重要角色，是催化数字经济向智能经济转型升级的重要工具。凭借其广泛的适用性，人工智能引领了智慧城市、智能医疗、智能驾驶、智慧教育、智能制造等多领域的快速发展，"人工智能新基建"已经成为现代化城市治理和智能经济发展的"关键基础设施"。

自从 2016 年，因为"人机大战"而火爆起来的人工智能技术，终于第一次被以"智能+"的概念写入政府工作报告中。由此可见，随着人工智能技术的不断进步，世界已经进入新的智能化阶段，中国各行各业的优秀企业在经过了几年乃至十几年时间的数字化转型后，已经为智能化升级打下

认识数字新基建

了一定的基础。而企业要在新的智能化时代继续保持并提升自身的核心竞争力，就必须要在数字化的基础上，充分保障各个环节、要素及参与者的全方位数据，通过实现云边端一体的打通，从海量的数据中筛选有价值的部分，将人工智能的算法、算力在整个产业链条上进行灵活调用，以此提升产品质量和服务水平，解决关键痛点，创造新的价值。

智能+医疗。人工智能在医疗领域应用不断深入。人工智能技术在以患者为中心的医疗环节中的应用尚处于初级阶段，产品以试用为主；在医药、医保、医院环节则更多是面向企业、医疗机构用户，业务模式相对成熟，主要考验的是供给侧的技术能力。人工智能医疗应用发展更加理性，一些公司不断大胆尝试，在商业化道路上逐步探索出不同模式。统一标准、开放平台，推动人工智能与医疗深度融合。部分科技公司利用人工智能技术对大量分子数据进行训练来预测候选药物，分析健康人和患者样品的数据，以寻找新的生物标志物和治疗靶标，建立分子模型，预测结合的亲和力并筛选药物性质，有效降低药物开发成本，缩短上市时间，提高新药成功的可能性。智能化监管，是各国医保监管机构的必然选择。

智能+教育。智能教育加速推进教育教学创新，正改变现有教学方式，解放教师资源，引发教育理念与教育生态深刻变革。在改变现有教学方式方面，一是实现教学成果智能测评，提升教学质量，二是构建个性化学习系统，激发学生自主学习动力；在解放教师资源方面，一是实现作业智能批改，降低教师教学负担，二是拓展学生课后学习途径，分担教师教学压力。智能教育或将对教育理念与教育生态引发深刻变革，教育学科不断扩充，教育场景实现突破。

智能+金融。智能金融是人工智能技术与金融业深度融合的新业态，是用机器代替和超越人类部分经营管理经验与能力的金融模式变革。人工智能正逐步成为决定金融业沟通客户、发现客户金融需求、辅助金融决策的重要因素。目前，人工智能在金融行业中的应用场景及相关的技术主要有智能获客，依托大数据以及对金融用户进行画像，通过需求响应模型，极大地提升获客效率；身份识别，以人工智能为内核，通过人脸识别、声纹识别、指静脉识别等生物识别手段，再加上各类票据、身份证、银行卡等证件票据的 OCR 识别技术手段，对用户身份进行验证，大幅降低核验成本，有助于提高安全性；大数据风控，通过大数据、算力、算法的结合，搭建反欺诈、信用风险等模型，多维度控制金融机构的信用风险和操作风险，同时避免资产损失；智能投顾，基于大数据和算法能力，对用户与资产信息进行标签化，精准匹配用户与资产；智能客服，基于自然语言处理能力和语音识别能力，拓展客服领域的深度和广度，大幅降低服务成本，提升服务体验。

智能+交通。智慧交通是以智能交通系统为基础，实现对交通运输体系的全面感知、共同协作、高效和可持续；也是汇集大数据、云计算和物联网等信息技术，实现具有一定自判断能力、组织能力、创新能力的高效、敏捷的交通运输系统。具体应用包括自动驾驶、交通控制、车辆识别、车辆检测等，如交通流采集系统、公共交通调度系统、信息信号控制系统等，为城市交通做出重大贡献。智能网联汽车是车联网与智能车的有机联合，是搭载先进的车载传感器、控制器、执行器等装置，并融合现代通信与网络技术、语音识别、视觉识别、深度学习等技术，实现车与人、车、路、后台等智能信息交换共享，实现安全、舒适、节能、高效行驶，并最终可替代人来操作的新一代汽车。智能网联汽车潜在市场价值巨大，将成为智能+应用最为活跃的领域。

智能+安防。公安和安防是目前我国人工智能应用的重要市场。遍布

认识数字新基建

城市的摄像头采集了大量视频数据，为智能+公安应用奠定了基础。通过推动公共安全视频监控联网整合，利用计算机视觉技术处理视频数据，将实现视频图像快速检索和定位，构建起智能化的科技防控网络，提升侦查破案、治安防控、社会管理、服务群众等能力。随着人工智能成熟度的进一步加强，很多智能+安防产品将逐步在更多政用、商用和民用领域进行应用，进入社区、学校、工业园区等。

第 5 章

工业互联网——
引领第四次工业革命

5.1　当工业与互联网相结合

5.1.1　第四次工业革命到来

当今的生活面貌,可以看作是一次次工业革命给塑造出来的。至今,我们每天都在享用着工业革命带来的成果。工业革命,让人类历史彻底翻了新篇章。

第一次工业革命源起于 18 世纪,标志性的发明是蒸汽机,蒸汽机动力代替了手工劳作,我们进入了机器大生产阶段,生产率直线上升,人类从此告别了物质匮乏的时代,进入了大规模生产工业品和消费品时期。伴随着近代工厂的出现,产业工人也成为一个全新的职业。

第二次工业革命发生于 19 世纪下半阶段,电力的使用和普及,替代了蒸汽动力,人类在运用能源方面的效率又向前迈了一大步,走入"电力时代"。汽车产业是这一时期最重要的新兴产业,福特汽车发明的"流水线"生产方式,大幅提高了生产效率,也塑造了持续至今的工业生产模式。

第三次工业革命始于二战之后,最主要的特征是信息化和自动化,计

第 5 章 工业互联网——引领第四次工业革命

算机作为这一时期的标志性发明,将人类社会带入了数字时代,电子信息技术进一步提高了生产水平,也让工业生产能力彻底超越了消费能力,由此进入了产能过剩的"消费社会"。

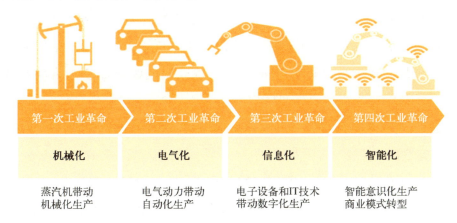

图:四次工业革命

第四次工业革命,又会是什么样子?

1926 年,伟大的发明家尼古拉·特斯拉就已经对未来的自动化控制系统有如此描述:"当无线被完美应用时,整个地球将会变成一个大脑,所有事物都是真实和被控制的整体的一部分。"

这是传统自动化生产的高级表现形式,即智能化分析+自动化控制。

第四次工业革命是一场智能化生产的革命,它融合了物理、数字和生物领域的各类最新技术,包括 5G、人工智能、物联网、3D 打印、纳米技术、生物基因技术、新材料、量子计算等多方面科技成果。将全世界的硬件设备连接入网,让生产控制系统可以处理海量数据、拥有超高知识存储和无限学习能力,进而改变传统的生产模式和组织方式。

第四次工业革命无论是从发展速度、影响范围,还是变革程度,都远远超过以往三次工业革命。它几乎渗透到所有行业,改变了整个生产和组织系统运行的方式。企业将会大幅降低生产和运输成本，生产效率会有倍增效果。更主要的是，前三次工业革命积累的种种问题，如巨大的能源和资源消耗，环境破坏和生态恶化，也会得到很大程度的改善。

在这其中，工业互联网扮演了非常重要的角色，甚至说是实现未来智能化生产的关键基础设施。世界经济论坛创始人兼执行主席克劳斯·施瓦布曾指出第四次工业革命的核心是互联网与各项技术的融合，而未来工业的目标是智能化生产，这一点毋庸置疑。要实现整个工业的智能化生产，就要实现数字化生产的全覆盖，这一点就离不开工业互联网。

在 2019 年 12 月 10 日举行的中国移动"5G+工业互联网"峰会论坛上，工业和信息化部首席经济学家王新哲直言不讳地表示"工业互联网是第四次工业革命的关键支撑。"

由此可见，工业互联网是工业经济实现数字化、网络化、智能化发展的关键支撑，是第四次工业革命的重要基石。

5.1.2 工业+互联网：两大产业的融合

"工业互联网"的概念最早是 2012 年由美国通用电气公司提出的，随后美国五家行业龙头企业联手组建了工业互联网联盟（IIC），将这一概念大力推广开来。工业互联网已经成为美国制造业复兴的关键动力，通用电气公司不仅提出"工业互联网"的概念，还推出了智能制造的系统平台 Predix，力图整合制造产业链上下游，并结合通信和 AI 技术，对机器进行远程控制、检测和维护，实现制造业的网络化和智能化运行。

工业互联网是工业和互联网相结合产生的新概念，本质是通过开放的、全球化的工业级网络平台把设备、生产线、工厂、供应商、产品和客户紧密地连接和融合起来，高效共享工业经济中的各种要素资源，从而通过自动化、智能化的生产方式降低成本、增加效率，帮助制造业延长产业链，推动制造业转型发展。

传统的制造业，是将一个完整的部件和设备等产品交给客户使用，当产品出现问题时，生产方会派出专业的维护人员，对设备进行检修，凭借多年的经验来判断问题所在。但是如今机器的复杂程度越来越高，仅仅凭借人员的经验来维护显然不能保证精准度。同时，很多生产企业一旦一些关键的零部件出了问题，导致全线停产，会造成非常大的损失，这就需要有技术能够提前预测到机器的问题，并及时进行修缮，确保生产线不间断。

除此以外，工业生产还需要考虑资源的优化配置，确保生产线各个环节能够紧密协作，以及最高效率地完成出货。比如如何尽可能地降低很多企业的库存成本，实现零库存运转。这些来自实际的生产需要，本质上都是需要针对生产设备背后的一系列数据信息的有效获取和分析，也就是需要让生产变得更加自动化和智能化。工业互联网的出现，恰好解决了企业降低成本、提高效率，以及增加利润等瓶颈问题。

更进一步说，工业互联网是以机器、系统和人互联为基础，基于工业数据的深度挖掘，建模实现智能化的生产、运营。这里可以从两个视角来看工业互联网。一是从互联网视角看，以网络连接为基础，利用外部的商业互联网创新业务拉动内部生产组织和制造模式的改造，包括精准营销、个性定制、众包众创、协同设计、协同制造等，重塑商业模式，推进工业内部转型；二是从工业视角看，工业互联网体现在企业内部生产系统到外部商业活动的智能化，利用 ICT 技术实现机器之间、机器与系统、企业上下游之间实时连接与智能交互。应用的技术包括泛在感知、实时监控、精准控制、数据集成、供应链协同，以智能化改进为根基，打通全流程连接，带动商业模式转型。

图：工业互联网的两种视角[①]

5.1.3　工业互联网平台

  工业互联网包括网络、平台、安全三大体系。网络是基础，平台是核心，安全是保障。从架构体系上看，工业互联网平台介于底层工业数据采集系统和上层工厂应用场景之间，首先通过多种网络设备工具，采集海量工业数据，平台将数据进行存储、管理、分析、建模，并汇聚制造企业及第三方开发者，提供开发环境和能力，为不同的企业客户开发覆盖产品全生命周期的业务及创新性应用，最终提升资源配置效率。由此可知，工业互联网平台是链接工业全要素，全产业链的枢纽，是推动制造资源高效配置的核心。

  通过工业互联网平台架构可以看到，平台由边缘层、IaaS 层、PaaS 层及应用层共同构成。其中边缘层负责接入各类工业设备，实现工业大数据的采集与处理；IaaS 是基础设施；PaaS 层是核心层，基于通用 PaaS 并融

[①] 来源：工业互联网产业联盟

合多种创新功能，将工业机理沉淀为模型，实现数据的深度分析并为 SaaS 层提供开发环境，是平台核心能力的集中体现。

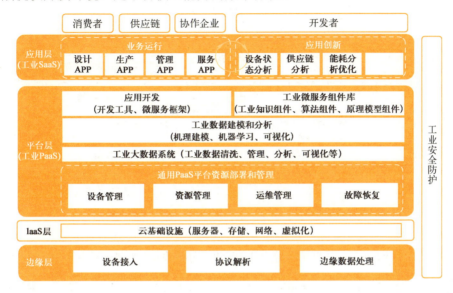

图：工业互联网平台架构①

作为平台的核心层，PaaS 层提供了工业数据分析与建模能力。工业数据分析能够挖掘出海量工业数据的应用价值，为后面的工业建模提供数据基础；工业数据建模分为工业机理模型与大数据分析模型两大类。机理建模是基于工业技术原理，行业知识、经验及生产工艺等构建的数字化模型。大数据分析模型是基于工业数据本身的相关性构建的数字化模型。将工业数据输入模型以后，基于数字化模型可实现对实际生产及业务过程的描述、分析、预测、决策，以指导实际工作的精准执行。因而，数字化模型是工业数据分析的核心，也是工业 PaaS 的核心。

---

① 来源：《工业互联网平台白皮书》

表：工业互联网平台分类[①]

平台类型	平台能力	平台特点
工业 SaaS 平台	通过调用和封装工业 PaaS 平台开发工具与数字化模型，构建面向特定行业、特定场景的工业 APPs	面向特定场景的应用
工业 PaaS 平台	基于各行业、各领域的知识与经验构建数字化模型，以工业微服务组件的形式提供服务	需要与工业知识结合，工业属性强，通用能力弱
工业数据分析和可视化	提供海量工业数据分析，预测及可视化服务	基于工业机理模型的分析，基于数据分析模型的分析
通用 PaaS 平台	集成微服务、容器等框架和软件开发工具，提供 IT 资源分配，应用调度及开发部署管理服务	通用性强
云服务平台	提供数据存储、计算及网络服务	通用性强
连接和边缘计算平台	提供工业设备、工业产品、工业服务的连接管理及边缘计算服务，是海量工业数据的入口	边缘计算通用性强 连接管理需要工业协议积累

① 《2019 中国工业互联网平台研究报告》。

SaaS 应用层主要提供覆盖不同行业、不同领域的业务应用及创新性应用，形成工业互联网平台的最终价值。在面向工业领域的应用落地中，5G 与工业互联网的结合被普遍看好，5G 的高带宽、低时延、支持海量接入等方面的优势，与工业互联网融合具备更高的潜力。按照工业互联网产业联盟发布的报告显示，未来 5G 和工业互联网的融合将体现在以下 8 大新型场景上，分别是 5G+超高清视频、5G+AR、5G+VR、5G+无人机、5G+云端机器人、5G+远程控制、5G+机器视觉，以及 5G+云化 AGV（自动引导运输车）。

5.2 重新定义工厂和工业生产

5.2.1 工业互联网平台

人机界面是人与计算机系统之间传递、交换信息的媒介和对话接口。人通过这个界面，实现与网络信息的对接，用来获取计算机的信息，输入人的指令。

就像电影里展现的一样,一个合格的人机界面需要有几项基本功能:
- 在可视化屏幕上实现各种数据信息的实时显示。
- 能够自动分析数据背后的趋势和特征。
- 记录与保存历史数据可以随时调取。
- 可以人工进行界面操作,输入指令控制系统。
- 主动发现系统问题并自动提醒和报警。

5G+ABC 的技术,让人机界面有了全新的表现形态,这就是增强现实(AR)技术的应用,并创造了工业 AR。

AP 技术是一种将虚拟信息与真实世界巧妙融合的技术,广泛运用了多媒体、三维建模、实时跟踪及注册、智能交互、传感等多种技术手段,将计算机生成的文字、图像、三维模型、音乐、视频等虚拟信息模拟仿真后,应用到真实世界中,两种信息互为补充,从而实现对真实世界的"增强"。

未来工厂属于全智能化的工厂,虽然各种生产劳作交由机器人来完成,但人在其中发挥着关键的控制和调度作用。这就需要工厂里的人员与机器和计算机系统实现交互,而这恰恰是 AR 的强项和特点。

带上特殊的头盔和眼镜,眼前就会看到虚拟显示出来的零部件形象,计算机告诉你该如何进行安装,还可以动态展示运用零部件安装的过程图景。而某个设备出现故障的时候,通过 AR 可以快速查看原因,比如即使在虚拟界面调出线管设备的运行参数和性能指标情况,在人眼不可见的隐蔽地方的设备装置也可以通过 AR 实现可视化。

有了工业 AR,工厂的管理人员可以实现某种程度的"开天眼",对整个生产系统的内外环境都能够做到可视化,一目了然。而且还可以与远程的其他人员进行全息互动,交流具体操作和维修的信息。

甚至在以后,我们还可以实现可穿戴工业设备与 AR 技术的融合,比如工人们穿上机器人外骨骼装备,让人体与信息网络融为一体。如同电影

《环太平洋》里面的战士一样，借助高速网络和远程触觉感知技术，远程控制工厂内的工业机器人，让机器人可以模拟工人的动作，实施生产操作和故障修复，如同真人就在现场一样。

5.2.2　工业 AR 带来人机协作的新体验

未来工厂，也叫作数字化工厂、无人工厂、智能工厂等，是工业互联网在制造业发展中的一个融合化的产物，未来工厂融合了移动通信、物联网、大数据中心、人工智能、3D 打印、VR/AR 等多种技术，是一个高度自动化和智能化的生产系统。在未来工厂里，每一个原材料、零部件、生产设备和机器人都会有一个 IP，类似于人类的身份证号和商品的条码，这里面有物体的基本信息，在生产线上，原材料和零部件会随着生产环节不断地更新自身的信息状况，并将最新的数据传到云端控制系统，和其他原材料、零部件以及机器人进行信息交互。当然，工厂里的工人也会加入到这个网络中，进行数据的传输和交互，全面掌握工厂的情况。

当所有工厂里的人和物都成为网络中的一个个节点时，整个工厂车间就变成了一张虚实结合的网络空间，线上的数据交互和线下的生产管控实时同步进行，前端和后端、云端和终端都可以随时互动交流，以最快的速率将发生的情况告知网络上的所有节点，并及时加以调整和优化。

未来工厂完全不同于传统工厂，生产设备实现完全网络化和智能化，建立车间的"物联网"空间，实现人与系统、设备的无缝连接和交互协作。生产决策依据大数据分析，生产过程系统具备智能处理能力，最终的目标是实现完全无人化的工厂运转。

未来工厂的关键是柔性化制造技术，顾名思义是生产线条灵活多变、生产过程能够随时调整，目的是实现为最终客户定制化生产服务。生产线条是企业，特别是制造业企业的核心部分，以往的工业生产线都是固定不

第 5 章 工业互联网——引领第四次工业革命

变的，有各个不同的岗位分别完成工作，非常适合于那种需求固定的产品生产。但是如今的客户需要更具有个性化的产品，这就倒逼企业配置可以柔性化生产的智能生产线，这种智能生产线能够以客户需求为出发点，并随时可以根据客户需求进行改造。

当然，客户需求不会是一成不变的，甚至是时时刻刻都存在变数的，因而企业在生产的全过程中，都需要保持与客户的交流互动，及时获得反馈意见，并建立与客户互动的社区，实时在线交流，建立更加具有黏性的客户服务关系。只有建立一整套智能化的生产系统，才可以实现对全流程生产的实施管理和控制，包括传感器、微处理器、数据存储设备和云计算等平台，实时传递最新的数据到系统中，快速形成反馈意见至生产流程中，并加以改进和优化。企业需要建立动态的数据库，将大量分散的客户需求数据转变为生产可用的参考数据，确保产品的生产能够与客户的个性化需求持续匹配，每时每刻都可以获得来自前端的指导。

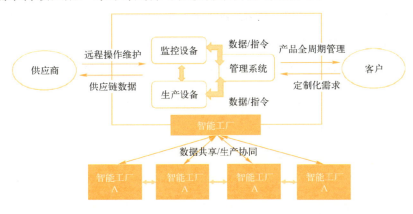

图：未来智能工厂

未来工厂可以实现柔性化生产，需要工业互联网与 5G、人工智能和大数据中心技术的高度融合。有了 5G 作为无线连接手段，替换了 Wi-Fi 和有线连接，让生产设备和机器人可以在更大的空间里自由操作和联动，可以让与客户接触的最前端和生产后端高度互动和协作，甚至可以让客户参与产品的设计和生产过程。同时，人工智能和大数据中心保证了工厂拥有强大的智能分析能力，可以收集客户的各类数据，并进行深度挖掘，设计出能符合客户偏好的产品方案，提升客户的体验。

未来工厂当前还没有非常成熟的应用案例，各国企业都在不断研发之中。

5.2.3 工业 4.0 和未来工厂

在广义上的工业互联网领域，还包括另一个流派，这就是德国提出的"工业 4.0"理念。相对于有着全球领先的互联网创新优势的美国，德国的优势在于强大的制造工艺水准，但是在数字化兴起的时代，传统的生产模式需要引入新的信息技术加以变革，解放出更多的劳动力，实现高效智能化的生产运作。为了提高和巩固德国制造业在全球的领先地位，也为了抢占新一轮数字化革命的战略先机，德国适时地提出了"工业 4.0"。

工业 4.0 指利用 CPS（Cyber-Physical System）将工业生产中的原料供应、设计制造、销售服务等各个环节的信息数据化和智能化，达到快速、有效、个性化的产品供应。2013 年 4 月，在汉诺威工业博览会上"工业 4.0"概念正式推出，德国政府在《德国 2020 高技术战略》中将其列入了十大未来项目之一，工业 4.0 迅速成为德国的另一个标签，并在全球范围内引发了新一轮的工业转型竞赛。

在德国人提出的工业 4.0 中，CPS 处于核心地位，它是智能制造的支撑点。关于 CPS 本身的含义，远远不止字面理解上的所谓"信息管理系统"那么简单。CPS 是一个包含计算、网络和物理实体的复杂系统，利用计算、通信和控制技术的有机融合与深度协作，通过人机交互接口实现和物理进程的交互，远程操控一个实体的机器和系统进行生产工作。

CPS 主要包括几方面：传感器网络，包含传感器节点、负责感知用户

第 5 章 工业互联网——引领第四次工业革命

的物理对象的属性、控制中心、网络传输节点；执行器网络，包括执行器单元、执行器控制节点；信息中心，包括数据的存储服务、运算服务；网络系统，负责传感器网络、执行期望、信息中心的信息互联互通。而在此系统上，用户也可以利用计算机、手机与信息物理系统进行交互，从而实现掌握物理世界的信息的目的，也可以通过发送控制指令改变物理系统。

CPS 是因控制系统而产生，但已经远远超出了单纯的控制系统范畴，相比于传统的控制系统，CPS 是建立在物联网中的系统，不是一个独立的本地化系统。CPS 在一些领域已经有了部分实现，比如飞机和汽车制造中，嵌入了 CPS 的机器，能够分析自身的各项数据，并进行自我操控。但这仅仅属于一个机器的"自我管理"，要想实现全面的智能制造目标，就需要将所有设备都关联起来，形成一个工业物联网，用一个空前强大的 CPS 来进行管理控制。

图：德国工业 4.0 技术[1]

---

[1] 来自德国信息产业、电信和新媒体协会（BITKOM）与弗劳恩霍夫应用研究促进学会（Fraunhofer）

第 6 章

大数据中心数字化时代的关键基础设施

6.1 走进大数据中心

6.1.1 大数据时代带给我们的变化

美国学者维克托·迈尔·舍恩伯格的知名畅销书《大数据时代》，让大数据这个新的概念变得家喻户晓，人们逐渐开始重视数据在信息经济和数字化时代的重要基础作用。未来的时代将不是 IT 时代，而是 DT 时代，DT 就是 Data Technology，即数据技术。

事实上，大数据的概念并不是舍恩伯格所独创的，麦肯锡咨询公司称："数据，已经渗透到当今每一个行业和业务职能领域，成为重要的生产因素。人们对于海量数据的挖掘和运用，预示着新一波生产率增长和消费者盈余浪潮的到来。"

在过去的 20 年时间里，正是互联网和物联网的快速发展，为我们带来了丰富的数据采集渠道。一方面，包括智能手表、手环、钥匙、自行车等可穿戴设备层出不穷，定向采集了大量个人行为数据；另一方面，由于各种智能终端的普及和行业信息化的建设，在工业、医疗、金融、教育、交

认识数字新基建

通等多个行业都积累了大量的数据。由于各行各业的数据量快速膨胀，大数据也被越来越多地提及，哈佛大学社会学教授加里·金说："这是一场革命，庞大的数据资源使得各个领域开始了量化进程，无论是学术界、商界还是政府，所有领域都将开始这种进程。"

未来，企业的核心生产要素不再是土地、厂房和矿山，而是各类资源数据、客户数据、业务数据，数据已经成为信息经济中最重要的企业生产要素。正因为如此，对数据的需求迅猛增加，数据采集、存储、加工、分析、保密和开放共享等工作变得越来越专业化和复杂化，由此催生了众多大数据服务商，企业之间基于数据协作的产业链业已完善并在协同生产上获得了更高的生产效率。

大数据代表了一种新的数据观念，我们常说的 3V 特征（体量大、结构多样、处理速度快），正是大数据相比传统少量抽样数据的不同之处。在过去，我们对数据的处理分析基本是以结构化数据为主要对象，对少量数据进行集中的分析处理，但这样的处理结果既不精准也很昂贵。

而大数据的处理，更多面向多源异构数据、在超大规模数据集（PB量级）上进行分析，以分布式架构为主的新一代数据管理技术，结合开源软件技术，大幅提高了处理效率，成百倍地降低了数据应用成本。随着大数据技术的形成和成熟化，特别是人工智能、深度学习等研究应用的提升，大数据技术能够更好地释放海量互联网和物联网中的数据价值，为数字经济、智能应用打下很好的基础。

表：大数据思维的主要特点

大数据思维特点	内容
数据范围扩大	采样过程中存在信息丢失的风险，同时，在特定目的下选择数据，容易主观研究结果。在获得海量数据的情况下，对全体数据进行挖掘分析可以客观地得到更多的数据结果

（续表）

大数据思维特点	内容
数据精度下降	超过90%的非结构化数据不能向精确的结构化数据转化，接受不精确性能够让更多非结构化数据得到应用
数据关系转变	在相关性分析的基础上，对大数据加以应用，挖掘效能驱动因素，是大数据分析的核心

6.1.2 数据中心：从机房到云

人类生产生活正在被数字所定义，可以说无数据不存储，无数据不计算，无数据不真相，数字应用必然带来对信息基础设施的需求。信息基础设施建设的规模、质量将直接决定当前数字经济时代经济发展的速度与高度，大数据中心是智能经济的底层基础设施，建设大数据中心是产业数字化转型的必然要求，是国际竞争力新内涵的集中体现。

数据中心是全球协作的特定设备网络，用来在互联网基础设施上传递、加速、展示、计算、存储数据信息。数据中心是互联网、云计算和人工智能等领域的通用支撑技术。按照机架规模，可以将数据中心划分为：超大型数据中心、大型数据中心、中型数据中心、微型数据中心（机房）等类型。数据中心还可以划分为部门级数据中心、企业级数据中心、互联网数据中心，以及主机托管数据中心等。

表：数据中心分类

数据中心规模	机架数量界定
超大型数据中心	大于10000
大型数据中心	3000～10000
中型数据中心	500～3000
小型数据中心	100～500
微型数据中心	小于100

来源：《2020中国新基建产业报告》。

认识数字新基建

一个典型的数据中心常常跨多个供应商和多个产品的组件，包括主机设备、数据备份设备、数据存储设备、高可用系统、数据安全系统、数据库系统、基础设施平台等。这些组件需要放在一起，确保它们能作为一个整体运行。

纵观数据中心的发展历程，各阶段的服务功能和业务范围都在不断变化，而且随着技术的变革和创新，数据中心本身的内涵也不断扩展，所覆盖的领域也逐渐扩大。

数据中心的概念来源于最早的机房，在没有数据中心这一概念之前，人们理解的存储大量数据的地方就是机房，也就是说，数据中心的概念虽然时间并不算久远，但作为数据中心实际的物理体现的机房，伴随着电子计算机的出现就已经存在了。

1945 年，世界上第一台电子计算机 ENIAC 诞生了，它使用了 18000 个电子管、10000 个电容、7000 个电阻，占地 170 平方米、重量 30 吨、耗电 140～150kW，是一个名副其实的庞然大物，这台计算机于 1946 年 2 月交付使用，随之而来的就是配套的数据机房、UPS，精密机房专业空调也应运而生。但当时的计算机性能很差，机房也没有精密的温度控制和指标测试等措施，导致计算机一天之内会发生很多次故障。

我国 1956 年成立了中科院计算所，开始涉足计算机领域，1958 年，仿制苏联 M-3 而成的第一台国产计算机 103 机诞生了，一年后研制成功了第一台大型通用数字电子计算机 104 机，同时标志着最早的数据中心出现，当时足足拥有 22 个机柜，占地 400 平方米，全机共用 4200 个电子管、4000 个二极管，运行速度达到每秒一万次。

自从 20 世纪 70 年代开始，大规模集成电路的发展催生了微型计算机，自然数据中心的形态也出现了向中小型化发展的趋势，20 世纪 80 年代，随着大量的计算机被广泛应用到各个领域，IT 系统的运维和数据存储管理日益显得重要起来。新一代的连接型网络开始将服务器单独放在一个房间里，进行简单的布线和分层设计。这个时代，计算的形态总的来说是以分散为主，分散与集中并存。数据机房的形态也是各种小型、中型、大型机房并存，特别是中小型机房得到了爆炸式的发展。

到了 20 世纪最后几年，互联网的快速发展推动了计算机和数据中心行业迎来新的发展高峰，互联网让计算资源得到了更优化的整合集中，数据中心从最初的集中到分散部署，又转变为从分散到集中部署。尤其到了世纪之交，大量互联网公司兴起，使得基于 PC 的网络信息服务越来越丰富，用户对于网络的要求自然也水涨船高，数据中心开始更多地承载起用户核心或关键业务的运营，数据中心数量和个体规模出现爆发式增长，在成千上万个数据中心涌现的过程中，网络提供商和主机托管商也脱颖而出，成为数据中心产业链条的关键角色，数据中心作为一个服务产业开始被越来越多的企业所接受。

2010 年后，云计算技术的出现，让数据中心进入了云时代，数据中心的概念内涵再次发生改变，公有云、私有云、混合云逐渐替代了原有的企业自建 EDC 和租赁服务器的 IDC 市场。相比传统数据中心，云计算数据中心托管的不再是客户的设备，而是计算能力和 IT 可用性，为客户提供按需订购模式的计算服务。

回顾数据中心几十年的发展历程，数据中心早已超越了最早的数据机房概念，已经演变成为企业对内的信息支撑平台和对外的信息服务平台，数据中心作为一个独立的产业，也成为国家重要的新型基础设施之一。

根据赛迪集团的统计显示，2019 年中国超大型、大型数据中心数量占比达到 12.7%，规划在建数据中心 320 个，其中超大型、大型数据中心数量占比达到 36.1%。这一数据与当时的美国相比，仍有较大差距，美国超大型数据中心已占到全球总量的 40%，大型数据中心仍有较大的发展空间。

在信息经济时代，数据已经成为和人力、自然资源一样重要的战略资源，数据中心能够对大规模数据进行有效运用和理解，这一重大的进步，对各个行业产生了巨大的影响。正因为如此重要，近些年全国数据中心的发展建设呈快速增长态势，再加上各地政府给予新兴产业的优惠政策，拥有数据中心已经成为建设智慧城市、发展信息经济的必备基础要素。

6.1.3　人工智能与数据中心的融合创新

如今，数据中心已经成为各家企业的核心资产和业务引擎，是企业在数字经济时代的发展基座。云计算让所有企业都开始上"云"，大型数据中心数量越来越多，设备规模、占地面积也随之快速上升。无论是从维护企业内部数据中心的需要出发，还是更好地依靠第三方数据中心服务，如何能够利用新技术对快速发展的数据中心进行优化管理，满足外部环境的剧烈变化，保障自身企业的连续性和稳定性，都是企业必须考虑的现实问题。

在新基建领域，人工智能是发展数字经济的动力引擎，数据中心是发展数字经济的基础，利用人工智能和深度学习技术，能够更好地改进数据中心的运营管理，未来数据中心将从云时代进入智能时代，AIDC（人工智能数据中心）将是新基建的一个重要发展领域。

人工智能赋能主要在以下几个方面，能够更好地赋能未来数据中心的建设与运营：

首先是通过智能预测来优化负载分配。以往企业会有专门的 IT 人员，负责优化公司服务器性能，监控工作负载分布，查找问题漏洞，提升服务器工作效率。但如今很难完全靠有限的人力来覆盖超大规模的数据中心，实现全天候的监控管理。人工智能技术能够通过广泛安装的智能传感器，利用神经网络和深度学习技术，及时掌握服务器的运行信息，建立分析模型，预测问题发生等，比如追踪服务器磁盘利用率，网络拥堵率，快速查找故障点，缩短排故时间。而且人工智能具有自我升级和学习的能力，可以随着数据量的增多，不断优化调整自身的分析预测算法，更好地匹配公司的业务流程，在一些问题上能够自动给出解决方案，自我系统升级，节省人力，保障整个数据中心的稳定，避免突发性大面积的故障发生。

其次，提高数据中心的能耗效率，在大数据时代，海量数据的运算一方面可以给企业带来更丰富的数字化应用；另一方面高算力也消耗掉了大量的能源，其中大部分的能耗来自于服务器的冷却系统，保持服务器的持续散热是保证服务器正常运行的必要条件，但这让企业在连续工业化生产的同时，背负上沉重的能耗财务负担。用人工智能技术来优化服务器的散热系统，即使只是做了微小的改动，也可以减少能耗，降低成本。Google 的部分数据中心采用 DeepMind 机器算法，成功将冷却能源节省近 40%，而且完全不会影响服务器的性能。

最后，人工智能可以缓解 IT 人员短缺的问题，在大数据和云计算兴起之前，传统数据中心的规模有限，功能结构简单，少量专业人员就能够做好维护。但云计算带给数据中心全新的技术变革，进入云时代的数据中心早已不再是简单的数据存储仓库，而是支撑整个企业各项业务运转的能力平台，激增的数据量和复杂的服务器性能，也对 IT 人员数量和专业技能提出了更高要求。人工智能在未来的发展中，有可能会提供一系列自动化的管理技术，在一般性的系统升级、文件备份、漏洞查找和故障预警方面，可以将人力解脱出来，用于对付更精细复杂的问题处理。

总体而言，从新基建角度出发，人工智能可以为数据中心带来非常积极的促进作用。相反，新型数据中心也将在算力和数据上，给予人工智能有力的资源保障,不断提升自身算法,渗透到更多的生产和生活场景中。

6.1.4 大数据中心是新基建的"底座"

2020 年 3 月初,中共中央政治局常务委员会会议强调,"加快 5G 网络、大数据中心等新型基础设施建设进度",明确了大数据中心作为新基建七大领域之一的重要地位。如今,我国的数据中心应用规模已经达到世界第二位,仅次于美国。在国家政策支持、客户需求日益增长的背景下,全国数据中心行业蓬勃发展,持证企业数量、机柜数量增加,能效水平提升,市场规模不断扩大。

大数据中心不仅仅是传统的数据中心及其承载的分布式海量数据存储和处理的能力,更重要的是运用大数据的思想和技术,在这套大数据中心之上,使产业上下游能更好地利用这些大数据中心基础设施上提供的存储、处理和数据服务能力,来赋能各行各业的数字化、智能化转型,实现产业升级。

6.2 大数据驱动下的数字经济

6.2.1 大数据产业的蓬勃发展

自国务院《促进大数据发展行动纲要》实施多年以来,我国大数据产业发展受宏观政策环境、技术进步与升级、数字应用普及渗透等众多利好因素的影响,市场需求和相关技术进步成为大数据产业持续高速增长的最主要动力,2019 年中国大数据产业规模达 5397 亿元,同比增长 23.1%。

随着"互联网+"的不断深入推进以及数字技术的不断成熟,大数据的应用和服务持续深化,与此同时,市场对大数据基础设施的需求也在持续升高。随着 5G 和物联网的发展，业界对更为高效、绿色的数据中心和云计算基础设施的需求越发升高，大数据基础层持续保持高速增长，预计到 2022 年将突破万亿元，持续促进传统产业转型升级，激发经济增长活力，助力新型智慧城市和数字经济建设。

大数据产业是以数据采集、交易、存储、加工、分析、服务为主的各类经济活动，包括数据资源建设、大数据软硬件产品的开发、销售和租赁活动，以及相关信息技术服务。数据服务、基础设施和融合应用相互交融，协力构建了完整的大数据产业链。

基础设施层是整个大数据产业的引擎和基础，它涵盖了网络、存储和计算等硬件基础设施，资源管理平台以及各类与数据采集、预处理、分析和展示相关的方法和工具。大数据技术的迭代和演进是这一层发展的主旋律。随着人工智能和 5G 技术的发展，与存储和计算相关的芯片及终端设备成为发展热点，数据中心作为新基建中的重要部分，将在新基建的推动下迎来发展新契机；云计算资源管理平台（包括私有云和公有云）持续提升底层硬件的利用效率，日益成为产业不可或缺的重要支撑。而人工智能分析框架，NoSQL 和 NewSQL 数据库，以及 Spark 和 Hadoop 等平台的日益成熟，为大数据分析挖掘提供了丰富的工具箱。

在大数据应用层面，国内大数据企业纷纷向垂直领域进行业务拓展和布局，特别是金融、营销、医疗等于领域大数据应用发展最快，业务种类最多，也是大数据应用最为成熟的领域。与此同时，随着数据要素市场化发展的不断推进，政府数据开放平台数量和平台开放数据的数量和质量均有大幅提升，政府数据开放平台已经逐渐成为各个地方政府数字建设的标配。

认识数字新基建

图：大数据产业链

根据赛迪《2020 中国大数据产业发展白皮书》的分析，融合应用层是大数据产业的发展重点，主要包含了与政务、工业、金融、交通、电信和空间地理等行业应用紧密相关的软件和整体解决方案，以及与营销等业务应用密切相关的软件和解决方案。利用各行各业的大数据分析技术，企业能够发现蓝海市场，解决业务痛点，创造新增收益。大数据不仅预测了未来的收益，还有助于预测未来的问题和趋势。

6.2.2 工业大数据是智能制造的基础

相比服务业领域，工业制造业领域是更大规模数据的产生源，同时也是大数据应用更为广阔的市场。现代的工业从诞生之日起，便产生了越来越多的数据资源。20 世纪泰勒的科学管理创立，也是以数据化测量工人的生产劳动效率为基础，泰勒拿着秒表来计算工人每一个动作的标准时间，本身就已经将生产过程带入到了数据衡量的新阶段。随着工业产业种类的不断扩大，工业生产的各类数据规模也日益丰富，采集的范围和使用的方式也不断增加。

工业企业收集的数据范围,已经从最初的生产环节数据,扩大到了产品本身的数据、原材料的数据、生产设备的数据,以及后台经营管理的数据和人力资源数据等。另外,伴随着企业信息化建设,如 CRM、ERP 等信息化系统纷纷上线,财务、供应链等环节的数据也随之产生并大量保存了下来。互联网又带来了关于客户行为数据、社交舆论数据、市场需求数据等外部数据信息。在生产技术提升和需求复杂度增加的大背景下,工业企业的数据精度、频率也不断提高,产品数据得到不断细化,也增加了工业大数据的采集范围和内容。

如今,工业大数据包括生产数据、经营数据、设备环境数据和外部产业数据等几部分。

生产数据是围绕企业生产线活动产生的一系列数据,包括原材料、研发、生产、组装、运输、销售和服务各个环节。如今 MES、ERP、PLM 等各类信息化系统已经将企业的生产链条全覆盖,因此各个环节的数据都能够大量被记录和保存,并用于改进生产效率的分析工作。

经营数据是企业在财务、人事、供应商、设备厂房等各项管理工作中的基础数据信息,这些信息也都在各自的专业化系统中得到保存,是企业分析改进管理效率的重要利用资源。

设备环境数据是企业各种生产设备和生产环境的测量数据,比如车间的温度、湿度数据,设备运行的能耗数据,废气废物的排放数据。如今通过物联网可以在设备终端上,利用传感技术收集并传输这些数据,记录和分析设备运行状态,此类数据十分庞杂。

外部产业数据包括与企业本身所处环境密切相关的各种影响因素,如政策法律、市场动态、生产技术等方面的外部数据。特别是在如今工业与其他行业深度融合之后,外部任何不确定的因素都可能会第一时间影响到企业的生产经营活动,所以重视收集和分析外部数据也是工业企业的一项

认识数字新基建

必备工作。

工业大数据不仅数量大、类型杂，而且处理速度很快，要求精度更高。在工业领域的很多应用场景中，精度都要求达到 99%甚至更高，而在一般的商业场景中，并不需要如此之高的数据精度。而且工业大数据的实时性要求也更高，对于数据的采集、传输和应用各环节，都要求实时处理，一旦消耗的时间过长，则会带来经济上的巨大损失。

工业大数据的应用场景主要包括优化生产和拓展服务两类。

基于物联网、大数据和云计算等技术，企业在生产环节上能够更加智能化，比如建立产品的数字化模型和数字化图纸，能够缩短产品的设计时间，提高资源调配和产品调试的效率，实现快速设计、快速投产。

借助智能终端收集的用户信息，挖掘用户深层次的个性化需求，让用户参与到产品设计中，转变原有的隔板化研发流程，提升研发效率，支撑大规模的定制化生产。驱动制造全生命周期从设计、制造到交付、服务、回收各个环节的智能化升级，推动制造全产业链智能协同。

不仅仅是提高生产的效率和实现大规模定制化生产，在产品的生产过程中，也可以运用大数据分析，来提升服务所在的比重。在物联网等新技术的带动下，产品都具备了感知和传输数据的能力，客户行为数据能够通过智能化的产品传输到企业端，帮助企业更加精准地了解客户，推出针对性强的后续服务。比如针对客户大量的交易数据，分析客户的消费习惯和场景，推出定制化的场景消费服务等。

今后，随着"万物互联"的实现，特别是在工业制造业领域，数以亿计的设备将能够连接入网，根据《2020 年全球网络趋势报告》预测，到 2023 年，全球联网设备将达 489 亿台，这种庞大的网络连接规模，一方面会带来远比现在更丰富的非结构化数据资源；另一方面也会强化和推动新大数据处理技术能力，尤其是人工智能将会在处理视频、图片等大量非结构化数据方面，有更为强大的能力体现。特别是针对工业领域，对数据的实时性、交互性和准确度都有着比个人市场更高的要求，人工智能等新的技术将大大提高大数据的处理能力，满足工业领域的应用需要，为包括制造业在内的多个行业的大数据深度应用开发奠定基础。

6.2.3 数据治理成为企业竞争力要素

大数据已经成为数字经济发展不可或缺的重要资源和动力，伴随着数据量的井喷和数据产业规模的扩张，数据价值在释放过程中蕴含的风险和问题也与日俱增，对社会经济发展和培育数据要素市场都带来了不小的障碍。

首先是数据流通带来的个人隐私信息的泄露危害，互联网和物联网技术的兴起，让人们获取信息的途径大为丰富，个人隐私信息很容易被搬到网络上瞬间传遍各地。

其次是数据被违规采集和滥用的问题愈发严重。根据艾媒咨询发布的《2020 年中国手机 App 隐私权限测评报告》，目前我国多数手机 App 存在强制超范围收集用户信息的情况。97%的 App 默认调用相机权限，35%的 App 默认调用并读取联系人权限这种近乎霸王条款的现象背后，是技术霸权引发的对人们生活的隐形压迫。尤其是"人脸识别"技术被越来越多地用在各个领域，餐厅、酒店、商场，布满了隐藏在角落里的摄像头，一不留意就被商家"窃脸"成功，由此引发的违法行为屡禁不止。

正是认识到了数据对社会经济发展的重要价值，为了更规范地使用海量数据，创造价值的同时，尽量规避可能造成的伤害，世界各国都在完善各种数据使用的法律法规，与此同时，数据治理也被引入了国家治理的范畴内，成为新时期推动数字经济发展的一种有力手段。

当前，我们国家大数据产业生态更加成熟，数据作为基础性战略资源的地位日益凸显，数据确权、数据质量、数据安全、隐私保护、流通管控、共享开放等问题也日益受到高度关注，并引发了深层思考。同时，大数据治理的观念备受关注，成为大数据产业系统中的新热点。

中科院的梅宏院士认为，随着国家大数据战略的深入实施，以及数据被明确为新型生产要素，各个行业愈加重视推进数字化转型，数字化、网络化和智慧化融合发展正成为时代特征。在此背景下，构建合理的数据治理体系是提升优化各行业数据能力、充分挖掘数据资源价值、打造数据驱动发展新引擎、推动数字经济发展和数字中国建设的重要前提和保障。

国际数据管理协会（DAMA）给出的定义为"数据治理是对数据资产管理行使权力和控制的活动集合"。国际数据治理研究所（DGI）给出的定义为"数据治理是一个通过一系列信息相关的过程来实现决策权和职责分工的系统，这些过程按照达成共识的模型来执行，该模型描述了谁（Who）能根据什么信息，在什么时间（When）和情况（Where）下，用什么方法（How），采取什么行动（What）"。

随着企业数字化程度越来越高，以及互联网、大数据等技术的应用，数据量呈几何倍数增长，数据治理为处理大量数据提供了方案和便利，用户需求快速增长。2019 年，全球数据治理市场规模超过 100 亿元，增速超过 30%。2020 年，由于新冠疫情的暴发，以"健康码"为代表的抗疫复产等数字产品的推广，让数据治理不再是一个空泛的概念，转化为了人们每天都能切身感受到的一种服务，社会运转已经完全建立在了大数据基础之上，数字治理的重要性，在疫情这种突发事件的衬托之下，得到了前所未有的体现。

未来，随着企业数字化程度的进一步提升，全球数据治理行业市场规模仍将保持高速增长态势，预计到 2025 年，全球数据治理市场规模将超过

400 亿元，年均增速超过 20%。

6.2.4　大数据交易：一个新兴的蓝海市场

伴随着大数据产业，以及以大数据为基础的人工智能、工业互联网等相关产业的迅速发展，大数据交易这一业态在数字化浪潮中迎来其发展的巨大挑战与机遇。随着《中共中央　国务院关于构建更加完善的要素市场化配置体制机制的意见》，以及《中共中央　国务院关于新时代加快完善社会主义市场经济体制的意见》等一系列政策文件的发布，大数据交易这一新兴产业再次迎来了发展高峰。

根据中国信息通信研究院最新发布的《中国数字经济发展白皮书（2020 年）》，我国的数据交易平台可以分为 4 种类型：

第一种是以交通、电商、金融等领域的行业机构为代表，例如中科院深圳先进技术研究院、北斗应用技术研究院和华视互联联合成立的"交通大数据交易平台"。前期以华视互联的交通数据为基础，构建了一个数据供应商联盟，之后由交易平台对采集来的数据进行清洗、分析、挖掘，再流转到政府、学校等公共客户，以及企业客户。

第二种是以大数据交易所为代表，他们大多在运营上坚持"国有控股、政府指导、企业参与、市场运营"的原则。例如贵阳大数据交易所、上海数据交易中心、中关村数海大数据交易平台等。这类大数据交易所主要实行会员制，以电子交易形式开展业务，面向全国提供数据交易服务。

第三种是以数据服务商为代表，比如数据堂、美林数据等。这类企业对大数据采取"采购销"一体化运营，赢利性较强。

第四种是以大型互联网公司建立的交易平台为代表，这类主体以服务大型互联网公司发展战略为目标，如京东建立的京东万象数据服务商城。

除了以上 4 种国内的数据交易平台，国际上还存在着数据交易平台

认识数字新基建

C2B 的分销模式，例如美国的 personal.com 公司。用户可以将自己的个人数据贡献给数据平台，数据平台则向用户给付一定数额的商品、货币等。

在上述几种数据交易平台的模式中，其数据大多来源于以下渠道：

- 政府数据的开放共享；
- 数据提供者发布的数据，包括个人、企业、科研机构；
- 互联网数据爬取；
- 基于业务范围内平台中沉淀、产生的数据。

大数据交易产业在实际运营上，还面临着一个核心问题，就是数据所有权问题，这是一个全球性难题。主要难点在于：

一是数据的权利类型尚无定论，无法确定适用人格权法、物权法、知识产权法，还是将数据作为一种新型财产并相应制定一套新的权属分配制度。

二是数据的权利主体存在争议，数据权利主体是属于数据产生者（个人、企业、政府）还是数据持有者（企业、政府）尚无定论。

三是数据的控制和使用权利界限不明，赋予权利主体以绝对的数据控制权可能会影响数据的利用，进而影响数据实现价值，然而数据控制权和使用权如何分离目前尚不明晰。

针对数据权属的问题，专家的研究观点主要强调要对数据权属进行细分类，区别对待每一种权属界定。具体而言，数据权属包括所有权、使用权和收益权等。在数据交易中无须过分强调和关注所有权的移转问题，一方面，传统生产要素的交易以所有权转移为基础，但是基于数据的无形性和可无限复制性，数据本身是否发生移转并不存在现实意义。另一方面，对于一般市场主体来说，掌握大量的原生数据本身并没有价值，真正有价值的是对数据进行分析挖掘后，得出的数据产品和应用模型。原生数据的移转，不仅很难实现匿名化的处理，还容易诱发一系列的数据安全问题。数据交易流通价值的实现基本都是建立在数据需求方特定商业实践希望获得特定数据模型和分析结果基础之上的。

总之，在数据流通交易场景中，数据所有权没有使用权重要，事实上数据流通和交易的只是数据的使用权，也就是通过数据服务的方式来加以实现，规避所有权无法界定清晰的困难。

有的专家从数据事实控制和合法化角度解决确权问题，认为虽然确权是市场化利用的一个前提，但只要承认数据事实控制这个现状，对这个现状予以保护，并赋予合法数据控制者以许可他人使用或者提供他人使用的权利就可以。实际上，这一观点仍然是强调区分数据所有权和使用权，确保使用权能够合法转移。

也有的专家认为不应一味强调数据的归属权，数据权属的重点，是让价值创造者获得数据权益。数据本身不产生价值，数据加工和分析才产生价值。如对个人数据的权利，不仅包括自然人的个人数据权利，还包括数据企业对个人数据的权利，互联网企业运用算力对数据清洗、分析，让原始数据产生了价值，也应当享有数据权益，也就是应该拥有数据的使用权和收益权。

目前国外数据相关立法尚未给予数据权属问题一个明确的答案。我国《民法典》也仅规定了对数据的民法保护，未对数据权属问题进行规定。但地方立法开始探索制定数据权属规则。如 2020 年 7 月发布的《深圳经济特区数据条例》，创设性地规定了"数据权"的概念，针对不同的数据类型明确数据权归属。自然人对其个人数据依法享有数据权；公共数据属于新型国有资产，其数据权归国家所有；数据要素市场主体对其合法收集的数据和自身生成的数据享有数据权。此类规定简单明了，但效果如何还需要检验。

另外，通过数字水印和区块链技术，有一定的创新性及合理性，能够解决一部分问题，有助于降低交易成本，也可以辅助实现数据确权，是制度完善的辅助因素。

总之，数据资源的特殊性决定了确定数据权属时，不能采用类似于房产那样的绝对权利理念，而应柔性赋权，以减少数据交易壁垒，促进数据流通共享为目标。

除了数据权属问题以外，数据定价和利益分配也是困扰数据交易产业发展的主要瓶颈之一。当前数据定价规则还在初期探索之中，定价方法大致包括三种：一是通过第三方平台或机构评估定价；二是市场买卖双方自由定价；三是根据系统计算自动计价。目前数据定价最大的困难点是数据价值难以精确评估，数据定价标准不统一。有的专家认为定价是个伪命题，因为数据交易不在于价格，而在于供需关系，不存在所谓的标准价格。

数据定价难的背后深层次原因主要有三点：

首先，数据要素作为特殊的交易产品，其生产过程包括感知、采集、传输、存储、计算等多个环节，参与主体众多，且数据产品具有很强的外部性效应，对其初始确权和估价都变得非常困难；

其次，数据普遍具有非竞争性和非排他性特质。一方面数据可以给很多人同时使用，而不会增加边际成本；另一方面用户可以同时接入多个数据服务平台，数据获取渠道很难排他垄断，这导致数据价值变动性大，很难有确定性的定价；

第三，数据价值具有异质性特点，除了极少数标准化数据，绝大多数数据价值取决于当下的使用场景。对于同一条数据，在不同用户、不同场景、不同时期所具有的价值也不同，很难有一套统一的定价标准。

定价问题背后还牵扯到数据价值的分配问题，有三个主体会决定数据的最终价值，一是原始数据提供者；二是处理成可用数据的加工者；三是数据分析者。确定这三者的利益分配机制也是一个很大的问题。

针对如何解决数据定价问题，主流观点不建议直接规定一个统一和标准的价格，更倾向于在市场上，由买卖双方在自由交易过程中逐渐形成一套符合市场规律的定价体系。比如有的专家认为大数据定价在每个领域不一定都能够实现，但可以让一些行业先"跑"起来，经过三五年的运转，一些特定数据的定价和交易问题将得到明确。

也有的观点认为，数据定价离不开具体的场景，政府、企业和交易平台可以尝试通过制度设计来创造挖掘如金融、社交、游戏、商业等多种应用场景，通过"市场的手"促进数据要素的合理定价。同时需要降低数据交易中供需信息不透明的障碍，要引导和鼓励数据供给侧愿意披露更多信息，降低双方交易成本，促使交易数量提升，通过积累更多的历史交易价格，对未来交易提供定价依据。

总之，数据定价机制应该根据其交易模式来设计。对于供需双方数量都较多，且比较频繁的交易，可以更多地放开市场供求自行确定价格。而当供求中的至少某一方数量相对较少，在容易出现因供求双边垄断而导致交易无法进行的情况下，则应该引导数据供给者先披露其保留价格，然后根据交易数据的特征，设计一定的交易机制来促进数据竞争的效率。通过这些设计，数据价值就能更好地被发掘，数据资源本身也能够得到更有效的配置。

除了权属和定价问题，还有其他问题。一是没有针对数据交易和应用的专门性法律法规，对于哪些数据可以交易，可以处理后交易或禁止交易，并没有明确的法律依据。在新的发展形势下，数据交易及配套的个人信息保护、数据跨境流动等方面的法律法规需要健全。二是没有明确数据交易监管机构，数据交易市场准入、数据安全、数据滥用、数据交易纠纷等问题都缺乏监管，以政府部门为代表的部分数据拥有者出于避险心理会

认识数字新基建

回避参与数据交易。三是数据交易平台缺乏标准，国内数据交易平台几类模式并存，各自建立规则，存在隐藏的盲点和误区，数据标准化程度低，形成有价值的应用商品有限，同时数据交易登记结算体系尚不完备，各个数据交易平台的资源难以有效整合。需要通过技术标准，实现行业内的互联互通，规范行业准则、提高产业效率、促进持续发展。

第 7 章

迈向智能、网联化的新能源汽车时代——充电桩

7.1 发展新能源汽车具有重大意义

7.1.1 发展新能源汽车是汽车产业"弯道超车"的重大机遇

近年来,《大国重器》《厉害了,我的国》等纪录片纷纷上映,在让国人自豪的同时,也在让外国人惊呼:中国果然今非昔比!外国有网友评论:这些年,中国最擅长玩的运动不是乒乓球,而是弯道超车。

正如前面所说,我国在通信领域已实现从跟跑到并跑,再从并跑到领跑的华丽转身。当然,弯道超车的奇迹也发生在航空航天、量子通信、高铁、超算、核能等多个领域。

那么下一个弯道超车的机会在哪里?新能源汽车被多数人寄予厚望。燃油车已走过一百多年的光辉岁月,在这个领域,我们始终处于落后状态,我国燃油车大部分是中外合资产品,各大外资品牌的汽车占据了我国大部分燃油车市场份额。

一方面,我国在汽车制造技术、工艺等方面与积淀了上百年汽车制造技术的汽车强国相比还有差距;另一方面,在品牌塑造方面,因用户的

"固有认知"甚至偏见,国产品牌很难建立起来。市场份额越小,研发、宣传投入就越少,导致消费者越不买账,形成一个恶性循环,以至于在传统燃油车的赛道上,我们很难有机会超车。

而在新能源汽车这条全新的赛道上,大家基本处于同一起跑线。事实上,我国车企绕过了传统燃油车时代的技术封锁,已经在新能源汽车产业链的多个环节展现了弯道超车的实力。

在这个过程中,国家意志发挥了至关重要的作用。2010 年 10 月国务院正式发布了《关于加快培育和发展战略性新兴产业的决定》,将新能源汽车作为七大战略产业之一。

自 2015 年以来,我国新能源汽车产销量位居世界第一,保有量占据全球一半。2018 年,在全年汽车销量下降 2.8%的背景下,新能源车销量却逆势增长 61.7%,显示新能源汽车产业正在我国崛起。

业界普遍认为,未来的汽车工业会朝着电动化、智能化、网联化方向发展。有人认为,要实现弯道超车,我们在智能化、网联化上的基础更好、机会更大。但是,不管是智能化、网联化,最终还是要用到汽车这个终端平台,而作为终端平台的汽车未来的发展方向毫无疑问就是电动化。

从技术路线来看,纯电动汽车已经成为主流,混合电动汽车的销量也在稳步增长,而氢燃料电池等技术的汽车,还在发展的初级阶段,所以发展电动汽车,仍然是当前最主要的发展方向。

电动化的趋势我们一定要去迎合把握,抓住这次"换道超车"的机会。

7.1.2 发展新能源汽车是基于我国能源结构的战略选择

有不少人一提到电动车、新能源汽车,第一个想到的就是环保。有人不免提出这样的疑问：虽然电能是环保的，但是发电仍未完全环保要求，我国火力发电仍占大头。如 2019 年一季度中国的火力发电占总发电量仍高达 75.58%。如果仅仅是为了环保，新能源汽车又有多大意义？

这背后其实涉及我国的能源结构问题。简单来讲，我国是一个缺油，而不太缺电的国家。

有数据显示，2018 年我国依然是世界最大的原油进口国，原油的对外依存度高达 70%，远超世界公认的 50%警戒线。在国际形势复杂多变的今天，能源安全是我们不得不考虑的战略安全问题，降低对石油的依存度是我们今后必须要做、不得不做的事情。

而在电力方面，从 2009 年开始，我国电网规模就已经超过美国。我国发电装机量和发电量，也在 2011 年赶超了美国跻身世界榜首。经过多年的发展，我国在电网建设、运营等方面都取得了举世瞩目的成就，在供电线路极其庞大的情况下，全国用户供电可靠率仍达到 99.8%，电力成为便捷、安全、高效的能源产品。

我国目前火力发电仍占大头，不可避免地会对环保造成一定的冲击，但大力发展新能源汽车，在环保上仍然是"划算"的。一方面，燃油车是分散式排放，污染难以处理；而发电带来的污染集中出现在发电厂，处理难度大大降低。另一方面，燃煤火电厂的热效率约为 80%，而汽车发动机的热效率低于 40%，一倍的差距也是新能源车的巨大意义所在。

7.1.3 新能源汽车未来将打造成一张灵活移动的电力能源网

一般情况下，人们更多地把新能源汽车当作消耗电能的终端，事实上新能源汽车同时也是高度灵活的移动储能单元，未来可以在调整用电负荷、改善电能质量、消纳可再生能源方面发挥重要作用。这就是所谓的

V2G（Vehicle-to-Grid，车辆到电网）技术。

与电网向电动车供电不同，V2G 技术刚好反过来，在必要的时候，可以将电动车作为电能的供给方，通过具有双向充放电功能的充电桩，向电网提供电能，实现"反向供电"。

在国外，丹麦、德国、荷兰、美国、英国、日本等国家都对 V2G 项目进行了技术研究和应用。2016 年 8 月底，日产、意大利电力公司和聚合系统方案提供商 Nuvve 在丹麦哥本哈根合作的全球首个商业化 V2G 中心正式投入运营。

该项目不仅用电动汽车车载电池平衡了用电高峰期的电力供求，还为电动车车主提供了新的收入来源。夜晚和波谷时段电价低，电动车车主在此时间段充满电，在白天或高峰时段将车载电池储存的电能以高价售给电网，从中获取差价。

V2G 技术对于充电基础设施行业意义非凡，不过 V2G 是系统性工程，需要各行业协同发展。充电桩、电池、车企、电网和储能行业之间的协同规模以及技术成熟是发展 V2G 的基础和前提。

7.2 小小充电桩，为何成了新基建？

7.2.1 什么是充电基础设施

充电基础设施是指为电动汽车提供电能补给的各类充换电设施，是电动汽车普及的基础和保障，是新型城市基础设施。其中，充电桩是最常见、最基本的充电基础设施，充电桩的产品性能、产品质量关系到电动汽车电池组的使用寿命及用户使用体验。

充电桩可分为公共充电桩和私人充电桩，按充电方式来分，可分为交流充电桩和直流充电桩，这是现阶段市场中最主要的两种类型。还有已经小规模应用的交直流一体桩和还未形成产业化规模的无线充电桩。

直流充电桩即所谓的"快充"，因为直流充电输出的电压、电流可进行大范围调整，可有效调节充电时间。交流充电桩即所谓的"慢充"，通过标准的充电接口与交流电网建立连接，通过车载充电机为电动汽车的电池充电。

当前，直流充电桩的充电功率一般为30～120kW，充电时间为20～150分钟；交流充电桩充电功率为7kW或14kW，充电时间为4～8小时。

一般来说，充电电压越高，功率越大，充电的时间就越短，但是对充电桩的技术和建设成本的要求就越高。根据彭博统计数据显示，全球商用直流充电设备单桩均价区间在2.2万～3.1万美元，而350kW大功率充电的充电桩单桩均价达到10.7万美元/台。

交流充电桩只需要220V的输入电压，建设改造成本比较低，但需要的充电时间比较长，适合家用或在其他长时间充电的场合。

7.2.2 新能源充电桩与新能源汽车相互支撑、相互成就

对于一辆电动汽车来说，不能及时有效地补充电能，就如同一堆"废铁"。充电桩作为电动汽车的基础补能设施，是汽车产业新型基础设施建设中最基础的抓手，也因此被纳入了国家七大新基建之中。

汽车产业作为国民经济的战略性、支柱型产业，如今正在经历由传统燃油汽车向智能电动汽车的转变，对于整个汽车产业来说，也是"弯道超车"的重要机遇。在这一背景下，作为电动汽车产业的底层基础设施，新能源充电桩的重要性是不言而喻的。

要发展新能源汽车，需要有一定规模的充电桩网络，让新能源汽车能够随时随地、便捷高效地补充电能。如果买了一辆车，整座城市可供充电的充电桩寥寥无几，那么人们买新能源汽车的意愿势必下降。

没有市场就没有产业。从某种意义上说，新能源汽车有多重要，新能源充电桩就有多重要。新能源充电桩和新能源汽车相互支撑、相互成就，两者休戚与共、密不可分。

7.2.3 充电桩再造停车场生意：小小一根桩串起长长产业链

如果认为充电桩的作用就是给电动汽车充电，那么就有点低估新基建的价值了。基础设施都不是一个独立的系统，它往往具有"乘数效应"能够串起一个长长的产业链，甚至赋能千行百业。

小小一根充电桩背后的全产业链涉及上游供给端、中游建设运营端，以及下游服务端，能关联的市场主体特别多。

上游供给端：充电设备制造商，主要生产直流充电桩、交流充电桩、交直流充电桩，包括生产充电模块、电动机、芯片、接触器、断路器、充电枪等设备生产商；电网等电力供应商及充电桩场地供应商。据统计，目前国内充电桩设备领域相关公司数量超过300家。

中游建设运营端：整个产业链中游，负责充电桩的建设及运营，是产业中的核心环节，也是大型充电站的运营者、充电桩服务的提供者。目前，主体比较多元，包括了专业电网电力能源公司、充电运营商和车企三类。

下游服务端：主要以赋能中游为主，通过平台为中游实现引流以及数据的互联互通。目前，各类电动汽车生产商、基于充电数据挖掘的互联网应用公司、出行公司等都涉及其中。随着，充电桩商业模式的更新，下游服务端的企业和服务会越来越多。

国家电网的充电桩建设实践表明，投资建设1元充电桩，可带动7倍多的新能源汽车消费，溢出效应明显。2019年海南省发布了《海南省电动汽车充电基础设施规划（2019—2030）》，该规划指出推进充电基础设施建设，能够大力推动海南电动汽车相关产业链的发展，以及配套科技产业的开发，对海南省的科技进步和产业升级具有重大的推动作用。按电动汽车产销状况计算，至 2030 年，预计完成全省充电基础设施建设投资约 255 亿元，拉动电动汽车相关产值约 2400 亿元。

将近 1:10 的产业拉动效益不可谓不大，而且计算的是电动汽车相关产值，其他围绕充电桩萌生的新产业新模式还未计算在内。因此，充电桩绝对不仅仅是汽车充电"插座"，在商业模式上也不仅仅是一门"停车场"的生意。

未来，车将变成像手机一样人人都离不开的终端，那么充电桩天然就是一个绝佳的互联网入口，由此带来的商业价值将不可估量。

7.3　充电桩产业发展现状与动因

7.3.1　新能源充电桩产业发展现状

充电桩的发展与新能源汽车的发展息息相关。目前，我国拥有全球最大的电动汽车市场，连续 4 年市场份额超过一半。截至 2021 年 6 月底，我国新能源汽车保有量达 603 万辆。

与此同时，充电桩的数量也在快速增长，中国充电联盟的数据显示，我国充电桩保有量从 2015 年的 6.6 万个增加到 2020 年的 168.1 万个。

其中，公共充电桩从 2015 年的 5.8 万个增加到 2020 年的 79.8 万个；私人充电柱从 2015 年的 0.8 万个增加到 2020 年的 88.3 万个。

国家能源局消息显示，截至 2020 年 6 月，全国各类充电桩保有量达 132.2 万个，其中公共充电桩 55.8 万个，数量居全球首位。我国公共充电桩建设数量前 10 个省市分别为广东、上海、江苏、北京、山东、浙江、安徽、河北、湖北、福建，合计占比 73.2%。

从趋势上看，北京、上海、广东等发达地区公共充电桩数量稳步增加，但市场份额有持续降低的趋势，从 2016 年 2 月的 43.5%减少到 2020 年 2 月的 36.1%。说明我国新能源汽车往二、三线城市渗透提速，带动了充电桩建设提速。

充电桩建设运营的主体比较多元，除部分大型央企外，地方国企、民营企业、外资企业也逐步加入充电桩建设队伍，能源企业、传统车企、互联网企业等市场主体皆有参与。特来电、星星充电、国家电网占据公共充电桩市场份额前 3 名，截至 2020 年 5 月，市场占有率分别为 28.7%、23.3%、17%。

运营私人充电桩的前 3 名都是传统车企，其中比亚迪的市场份额超过一半，截至 2020 年 2 月，运营私人充电桩 41.9 万台，市场份额高达 58.7%，第二、第三名分别为北汽和上汽。

7.3.2 新能源充电桩产业发展动因

1. 政策驱动

新能源汽车蓬勃发展的上半场主要是政策推动的，同样，新能源充电桩前期的发展也是靠政策推动的。从 2009 年"十城千辆"新能源汽车示范推广开始。2014 年 11 月，四部委（财政部、科技部、工业和信息化部、发展改革委）联合下发了《关于新能源汽车充电设施建设奖励的通知》，明确根据当地新能源汽车推广情况，分档给予地方充电设施补助奖励。

2015 年 9 月，国务院办公厅印发了《关于加快电动汽车充电基础设施建设的指导意见》，明确加速充电基础设施建设，并且推出了用地保障、规划审批、财政价格等方面的扶持政策。同年 11 月，四部委印发了《电动汽车充电基础设施发展指南（2015—2020 年）》，进一步明确了充电基础设施发展的指导思想、工作思路和目标任务。

2018年11月，四部委发布了《提升新能源汽车充电保障能力行动计划》，指出力争用3年时间大幅提升充电技术水平，提供充电设施产品质量，加快完善充电标准体系，全面优化充电设施布局，显著增强充电网络互联互通能力，快速升级充电运营服务品质，进一步优化充电基础设施发展环境和产业格局。

2019年3月，四部委联合发布了《关于进一步完善新能源汽车推广应用财政补贴政策的通知》，对补贴的内容进行了调整，明确了"补贴将从新能源汽车（新能源公交车、燃料电池车除外）购置转向充电基础设施建设"，实现从"补车"转向"补桩"。

2020年4月，四部委联合发布了《关于进一步完善新能源汽车推广应用财政补贴政策的通知》，将新能源汽车推广应用财政补贴政策实施期限延长至2022年年底，补贴力度逐年递减，但对充电设施的补贴仍延续老的做法。

2. 市场和资本驱动

根据2019年12月工业和信息化部发布的《新能源汽车产业发展规划》（2020—2035年征求意见稿），到2025年新能源汽车新车销量占比达到25%左右。若以2025年新车销量3000万辆来计算，新能源汽车新车销量到2025年或达到750万辆左右，相对于现在100多万辆的销量，新能源汽车还有5倍以上的增长空间。目前的车桩比为3.1:1，如果按照1:1的车桩比目标，未来充电桩的建设将有约15倍的增长空间。有机构预测，未来10年，我国充电桩设备和服务市场规模有望超过5000亿元。

根据智研咨询发布的《2019—2025年中国电动汽车充电桩行业市场专

项调研及投资前景分析报告》，我国充电桩市场规模将在 2025 年达到 1290 亿元，2020—2025 年累计市场规模年均复合增长率将达到 48.8%，2020—2025 年新增市场规模将达到 503%。

近年来，资本市场对充电桩企业越来越看好，截至 2020 年 3 月，充电桩企业融资事件累计约有 460 次。随着资本不断涌入，充电桩的商业价值不仅仅体现在充电业务上，还包括以充电桩为入口的各类互联网产品和服务，充电桩行业将拥有广阔的发展前景，行业价值将逐渐显现。

2020 年 3 月，充电桩纳入新基建之后，资本的关注度进一步提升，华为、宁德时代、蚂蚁金服等企业开始涉足充电模块、充换电设施运营等领域。如今，能源、汽车、交通、房地产、互联网、金融等行业都在积极开拓充电设施市场，初步形成了"互联网+充电"的产业生态，充电与汽车销售、出行服务等更加紧密，将进一步拉动充电桩产业的发展。

7.3.3 国外充电桩产业发展概况

1. 美国

近几年，美国政府一直致力开展电动车、充电桩相关研究，推出 1410 亿美元投资计划，包括开发电动车技术、铺设充电桩、降低充电费用等，并投资了一系列电动汽车充电桩建设项目。截至 2021 年 5 月，美国已建成的充电站有 46104 个，充电桩共有 117674 个。美国充电桩产业已基本进入商业化运营阶段。

在美国，无论是企业还是个人，只要安装电动汽车充电桩，就能依法享受税收减免福利，例如美国联邦政府规定每修建一个家庭充电桩，可获得最高 2000 美元的抵税优惠；加利福尼亚州政府规定，私人用户每安装一个 240 伏壁挂式充电桩，可获得 750 美元的补贴。超过 17 家住户的住宅区，停车场必须为电动汽车充电桩预留至少3%的面积。

2. 日本

日本是汽车强国，同时石油资源严重依赖进口，在此背景下，日本政府高度重视新能源汽车的推广以及充电桩的建设。在政府的支持和车企的共同努力下，日本电动汽车充电桩的数量与传统汽车加油站的数量不相上下。由于日本私人充电桩的建设门槛较高，私人充电桩所占比例非常小，公共充电桩的利用率比较高。

为了集中资源、统一管理充电桩的建设与运营，2014年日本四家头部车企——丰田、日产、本田及三菱联合政策投资银行成立了一家日本充电服务公司（NCS）。这家充电桩运营企业主要负责充电设施的建设与运营，并100%承担建设费用以及8年的保修费用。该企业将日本许多充电设施进行联网管理，在日本充电桩的运营网络中起主导地位，目前，NCS主导建设的充电桩已遍布东京市区及主要公路。

为了吸引客流，全家、罗森等便利店也在努力加快充电桩建设，一些商场的停车楼设立的充电桩可免费充电。

3. 德国

德国政府要求，每个加油站必须安装电动汽车充电桩，并将在电芯和充电基础设施方面再投资25亿欧元。德国汽车工业协会每隔半年，会对充电桩建设情况进行调查统计。在此基础上，为鼓励电动汽车发展，德国政府每隔半年会根据市场发展情况对补贴政策进行调整，政策补贴主要集中在大功率充电设施建设领域。

德国的充电桩市场基本被8大充电运营商垄断，所占市场份额达到了76%，其中排名前3的公司所占市场份额合计超过了50%。在德国，不同企业的充电桩信息都在一款名为Chargemap的App上汇集，车主通过这款

App 可以查找附近的充电桩，制定出行路线，预约充电，充电完成后使用绑定了银行卡或信用卡的充电卡或充电钥匙付费。

7.4 充电桩产业发展面临的挑战与趋势

7.4.1 充电桩产业发展存在的问题与不足

（1）从政府看，私人充电桩推进得不够理想，目标完成率比较低。国家发展改革委、国家能源局、工业和信息化部、住房和城乡建设部曾于 2015 年联合发布了《电动汽车充电基础设施发展指南（2015—2020）》。

截至 2021 年 7 月，我国公共充电桩保有量达 95 万个，而私人充电桩保有量少于公共充电桩。

（2）从企业看，赢利难成为其发展路上最大的掣肘。目前充电运营商的收入绝大多数来源于充电服务费，模式较为单一。充电桩企业的赢利能力取决于单桩利用率和充电服务费两大因素，用户对于电费极为敏感，而充电桩的利用率又比较低，导致充电桩行业目前整体赢利水平低，难以抵消前期建设投入和运维成本。

（3）从用户看，充电设施的便捷性离真正的"基建"仍有距离。根据我国汽车流通协会发布的《2019 年新能源汽车消费市场研究报告》，充电体验对品牌忠诚度的影响占比是 11.2%，远高于售前和售中的服务体验；而当前新能源汽车用户对充电体验的满意度最低，充电体验已成为新能源汽车消费中的核心痛点。体验差的原因集中在以下几方面：一是充电速度慢，给用户带来很高的时间成本；二是桩难找，有的桩位不是被燃油车占用，就是出现故障不能用，获取充电服务的便捷性还很不够；三是不同充电企业的标准不统一，信息不互通。

7.4.2 问题背后的原因分析

（1）建设资金来源还比较单一。充电基础设施发展处于起步阶段，投资模式单一，资金来源主要是充电基础设施运营企业。企业出于投资收益考虑，不愿意超前大规模建设充电桩，且充电基础设施集中布局在人口、电动汽车较多的区域，充电基础设施服务范围有限、布局不够合理，难以为电动汽车提供充足的充电条件。

（2）建设实施难度较大。充电基础设施建设需要规划、用地、电力等多项前置条件，实施过程中涉及多个主管部门和相关企业。在社会停车场所建设充电基础设施，面对众多分散的利益主体，协调难度较大；私人乘用车领域，大量停车位不固定的用户不具备安装条件，并且充电基础设施涉及公共电网、用户侧电力设施、道路管线等改造，需要的电力容量大、改造工程大，建设难度较大。

（3）配套政策不完善。虽然从中央到地方围绕充电基础设施出台了一系列的政策制定，但政策执行"最后一千米"的相关配套政策不够完善，导致部分政策执行不到位。如住建部门已明确居住类建筑配建地面停车位充电基础设施建设要求，但该要求未纳入验收环节。物价部门已出台了鼓励充电基础设施发展的电费标准，由于实操过程中未完全执行到位，部分电动汽车充电不仅不能享受峰谷电价，还存在电费额外加成现象。

7.4.3 互联、智能化趋势

（1）趋势一：合作建桩的"朋友圈"将越来越大。

前文讲到，充电桩建设面临建设难的问题，除了涉及政府多头管理的原因，还有一个原因是涉及的主体比较多。如果能够将相关的主体联合起来，形成一个整体，那么势必大大推动充电桩建设的步伐。这实际上是用众筹的方式来建设充电桩，整合政府、企业、社会等多方力量共同参与充电桩建设。

最常用的方法就是寻找合伙人，合伙人各自提供自有资源，通过资源互补的方式开展充电桩建设运营，产生的收益由合伙人共享。这些合伙人有的拥有建设资金，有的有电力资源，还有的拥有场地资源，比如医院、商场、学校、超市、酒店等。这种经营模式不仅可以降低风险，还能缩短资金回笼周期，帮助企业尽快收回成本。

在国内，已经有很多企业开始探索这一模式，例如星星充电与酒店、商铺开展了相关的建设合作，相关充电公司在麦当劳等餐饮场所建设充电桩等。

另一个合作建桩者是电动汽车企业。"充电"对于电动汽车企来说不是一门好生意，但对于电动汽车销售来说，布局充电业务却是一个好杠杆。它们将充电桩作为售后服务的一部分，能够提供给车主更优质的充电体验，从而促进电动汽车的销售。

车企参与建设的大多为私人桩，只面向固定车主，利用率低，难以实现赢利。这些年，车企自主建桩的意愿在下降，建设的速度也在放缓，逐渐转为与专业运营商合作建桩，这将是未来的趋势。目前，车企自主建桩的模式，仅剩特斯拉和蔚来仍在坚持。

（2）趋势二：充电桩将从"充电插座"变身为智慧终端。

在互联网经济的逻辑里，入口就是风口，有入口就会有用户，有用户就会有商业价值。作为车联网、智能电网的入口，充电桩被称为"数据采集者""数据分析师"，数据是数字经济时代的"石油"，从这个角度看，一个个充电桩就是一口口小油井。当然，这中间需要大量的商业模式创新。

在线上，充电桩企业将基于充电设施打造 App，并以 App 为入口，应用开发广告、保险、金融、售车、4S 增值服务及汽车工业大数据等互联网增值服务，打造集商业设施经营、电动汽车分时租赁、电子商务、新闻广告等服务于一体的充电互联网商业生态圈。比如特来电从电网建设着手，计划推出一系列服务，如电动汽车线上销售、汽车维修数据服务、金融支付服务、互联网电商和工业大数据等。该模式拓展了赢利渠道，为企业带来了多元化的收入。

在线下，充电桩企业将和商品零售与休闲服务等企业，开展线下合作拓展新的商业模式，将更加紧密地与生活、娱乐设施相结合。比如在公共充电站边上搭配餐饮、零售、休闲等业态。目前，德国、丹麦等国家已经开始利用电动汽车充电桩拓展零售、美容、健身等业务，一方面获取增值服务带来的收益，另一方面借此提高车主对充电服务的黏性。

未来，围绕充电基础设施将诞生全新的"桩联网"服务生态圈。充电期间，充电站可以提供汽车检测、汽车保养维护等与汽车相关的服务，还可以提供餐饮，甚至观光休闲等服务。App 可实现手机预约、网上付费、到站充电兼维修保养的流程，打通厂商、消费者到服务商的整个产业链，打造综合服务生态圈。

届时，充电桩不仅仅是一个充电接口，将由单纯的"充电插座"演变为"智慧终端"，承载更多人们需要的服务功能。

（3）趋势三：互联互通将使充电桩的基建属性和功能不断强化。

充电桩企业发展的前期，各家企业各自为营，在软硬件方面的标准都不统一，充电桩接口各不相同，信息也互不通用，用户为了充电，手机里得安装十几个充电 App。这带给用户的充电体验极差，对于整个产业来说，也存在重复建设、单桩利用率低、信息难整合，形成不了规模优势的弊端。因此，不管是企业还是用户，都在呼吁充电桩产业设备与信息的互联互通。未来，充电桩企业之间将打破各自为营的现状，互联互通成为行业共识。

一般而言，作为存在竞争关系的友商之间，一般不太愿意对方主导互联互通，它们认为对方单方面汇集自己的数据，对自身的竞争是不利的。在此背景下，不直接参与充电桩投资建设的第三方充电服务平台应运而生。

第三方充电服务平台通过自身的资源整合能力将各大运营商的充电服务接入 SaaS 平台，从而打通不同运营商之间的互联互通壁垒。平台的收益来源于与充电运营商服务费的分成，以及以大数据挖掘为基础的增值服务。

目前，由国家电网、南方电网、特来电和星星充电在 2018 年成立的充电第三方服务平台联行科技已接入 140 多家充电运营商，接入充电设施超 48 万个，占比超过全国总量的 85%；其中超 27 万个充电设施全面支持启停、充电和付款等服务，覆盖全国 300 多个城市和 5 万千米的高速路网。

全国充电一张网，将是全行业共同的发展目标，第三方平台将整合全国充电资源，真正实现"有桩找得到、充得上、能支付"。未来，消费者可在第三方平台上基于所处的位置，查看充电桩的位置和实时状态，选择多家运营商的服务，充电效率和体验将得到提高。

亿欧汽车认为，充电基础设施的互联互通将分为 4 个阶段：首先是硬件层面，确保充电基础设施的物理接口互联互通，即解决各充电桩制造商标准不统一的现状；其次，待充电桩数据互联互通之后，再次实现交易结算的互联互通。在这个层面，市场中的充电第三方服务平台起到了良好的过渡作用；最后实现智能电网和智慧城市的互联互通。

也就是说，未来互联互通已不再仅局限于桩与桩之间，而是由充电桩本身蔓延至新能源汽车的全生命周期中，实现电动汽车、充电桩、运营商三方互联互通，最后还将与"城市大脑"互联互通。充电桩的"基建"属性将不断强化，成为智慧城市、汽车网络的重要节点，不仅提供电动汽车的充电服务，还将基于"桩"，拓展"桩联网"经济，最后服务于整座城市的智慧管理。

（4）趋势四：大功率、智能化是充电桩技术的主要发展方向。

充电桩虽然不像 5G、人工智能、大数据中心拥有特别高精尖的技术，但毫无疑问技术的更新迭代也会不断地推动整个行业的优化和发展。从技术层面看，大功率、智能化是发展趋势。

当下，大功率直流充电可以大大缩短充电时长，受到大多数电动汽车车主的（尤其是网约车、出租车车主）青睐；对于企业而言，单次充电时间过长，导致单桩投资回报率低，而直流充电桩的功率提高，可以提升充电桩的回报率。因此，大功率充电将是充电桩未来的发展方向。

据统计，当前充电功率集中在 60～100kW，充电时间在 1～1.5 小时，如果充电功率能够提高到 350kW，那么充电时间可缩短到 10 分钟。

2020 年 5 月，CHAdeMO 协会和中国电力企业联合会共同发布了 CHAdeMo 快充标准的新版本 CHAdeMO 3.0。在新的标准下，直流充电功率可超过 500W，可以实现充电 5 分钟续航 200 千米的目标。

目前国内的特来电、国家电网、万邦新能源、星星充电、普天新能源、泉充新能源等主流设备制造企业都在积极开发大功率、智能化充电设备。

此外，无线充电技术也是未来的发展方向之一，国内主要的车企，比如上汽、北汽、吉利、长安、长城，以及国外的宝马、奔驰等厂商都在对无线充电技术进行研发并逐步在小范围应用。

未来，V2G 技术将让充电桩变得更加智能，它能将电动汽车作为高度灵活的移动储能单元，当电网负荷过高时，由电动汽车向电网供电；电网负荷过低时，电动汽车则能够储存过剩的发电量。

根据世界资源研究所测算，在局部配电网中，私家电动汽车无序充电会显著增加配电变压器负载峰值，当车辆电动化比例达到 50%时，多数住宅小区配电系统都会面临超载风险。

利用 V2G 技术，不仅可以降低电动汽车充电对电网的影响，也可以为电力系统调控提供新的调度资源，更能避免大量电网和电源相关的投资浪费。

V2G 商业化还为时过早，为了避免无序充电（随时随地随机充电）对电网负载带来的压力，智能有序充电技术是当下需要广泛推广的技术。它能够结合配网变压器的负荷状态与开放容量以及用户的出行需求，对电动汽车的充电时间、充电功率进行计划控制或实时控制。在满足客户充电需求的情况下，实现电网负荷波动最小化或充电成本最小化。

第 8 章

打造可靠的城际轨道
智能交通网络

8.1 中国高铁打造靓丽"中国名片"

8.1.1 中国高铁发展历程

2004 年 1 月——国务院审议通过了《中长期铁路网规划》,这是国务院批准的首个此类行业规划。该规划首次提出高铁网络,涵盖到 2020 年货运和客运网络的发展,提出到 2020 年建设超过 1.2 万千米"四纵四横"高铁网络。

规划还提出了建设 3 个区域城际铁路网（即城际高铁和城际轨交）:环渤海（天津市、北京市、河北省）;长三角《上海市、江苏与浙江两省中、东部 16 个城市》;珠三角（广东省中部和南部）,覆盖各地区主要城镇。这些线路将以类似地铁的频率为当地中短途乘客提供服务。

2008 年 8 月 1 日——我国第一条具有完全自主知识产权、世界一流水平的高速铁路京津城际铁路通车运营。2008 年国家发展和改革委员会还批准了《中长期铁路网规划（2008 年调整）》,调整后,2020 年的发展目标是 12 万千米的全国铁路营业里程,1.6 万千米的高速客运专线。

认识数字新基建

2009 年 12 月 26 日，武广高铁正式运营，成为我国第一条 350 千米/小时速高铁，也是世界上运营速度最快、密度最大的高速铁路。武广高铁最高运营速度达到 394 千米/小时，武汉到广州车程为 3 个小时，比之前减少 8 个小时；武汉到长沙车程更是缩短到 1 小时，长沙到广州直达也仅需 2 小时。

2010 年 2 月 6 日，世界首条修建在湿陷性黄土地区，连接我国中部和西部，时速 350 千米的郑西高速铁路开通运营。

2012 年 12 月 1 日，世界上第一条地处高寒地区的高铁线路——哈大高铁正式通车运营，用于连接东北三省的主要城市。

2013 年，我国高铁总里程达到 1.2 万千米，"四纵"干线基本建成。

2014 年 9 月，我国计划投资约 4000 亿卢布在俄罗斯境内修建首条高铁线路——莫斯科—喀山高铁。

2014 年 11 月 25 日，使用完全自主创新的牵引电传动系统和网络控制系统的中国北车 CRH5A 型动车组在哈尔滨铁路局开展"5000 千米正线试验"，我国高铁列车实现了由"中国制造"向"中国创造"的跨越。

2016 年，《中长期铁路网规划》再次修订，将原有的"四纵四横"通道扩展到"八纵八横"通道，规划了更多的区域连接和城际铁路，到 2025 年，全国铁路网将达 17.5 万千米，其中 3.8 万千米为高铁。高铁网络连接几乎所有的大中型城市，实现相邻大中型城市，之间 1~4 小时的交通圈，区域中心周围 0.5~2 小时的交通圈。

2017 年 7 月 9 日，连接我国中部和西部的宝兰高速铁路开通运营，使西北地区全面接入全国高速铁路网。

2017 年 12 月 28 日，石家庄至济南高速铁路开通运营，"四纵四横"高铁网络完美收官，并已形成郑州、西安、武汉等多个"米"字形高铁枢纽。2017 年年底，全国高铁里程达到了 2.5 万千米，占世界高铁线路总长的 66%，是所有其他国家的两倍。2020 年，我国高铁运营里程近 3.8 万千米。

8.1.2 高铁改变中国

交通强国，铁路先行。高铁具有载客运输量大，陆基客运速度最快，路线运输密集等鲜明特点，高铁已成为我国交通运输的"标杆和典范"。它见证着我国交通命脉从追赶者到领跑者的伟大历程，打造了我国客运最靓丽的"中国名片"。

我国高铁发展起步晚，但发展势头迅猛，从 2008 年第一条高铁开始，短短十几年走过了欧美和日本近 40 年的路，我国铁路已经成为世界的领跑者。如今，我国高铁的年客运量已经远远超过法国 TGV 高铁以及日本新干线，线路总长远远高于其他国家高铁运营里程的总和。

高铁技术是一个复杂的系统，涉及工务工程、牵引供电、运行控制与通信、高速列车、客运服务、综合维修、安全防灾和应急处理等各个领域。我国高铁起步较晚，一路从跟跑、并跑到领跑。高铁技术也成为我国科学技术自主创新的一面旗帜。

高铁技术发端于西方，始于日本，兴于欧洲，盛于我国。我国自 2004 年制定《中长期铁路网规划》后，先后从加拿大庞巴迪、日本川崎重工、法国阿尔斯通和德国西门子引进技术，联合设计生产高速动车组。我国用了 20 年时间走过了高铁列车控制系统从设备进口到中外联合设计，再到完全自主创新的三个阶段。自主创新已经成为我国高铁飞速发展的"加速器"。在此过程中，我们还积极将"中国标准"推向世界，努力占领世界交通领域的制高点。

认识数字新基建

我国已经建立了一个由大学、研究机构、企业共同组成的广泛的科研生态系统。例如为开发时速 350 千米的复兴号动车组，2008 年科技部与原铁道部联合签署了《中国高速铁路列车自主创新联合行动计划合作协议》。该计划汇集了 6 家大型央企、25 所重点大学、11 家一流科研机构、51 个国家实验室和工程中心，以及由 68 名院士、500 名教授和 1 万多名工程技术人员组成的一支科技队伍。超大规模的科研团队参与了集团作战，使中国能够引进、消化、吸收国外先进的多机组电气技术，在短时间内即可进行再创新，创造出成功的产品。

高铁的出现，不仅大大缩短了乘客的旅行时间，也显著提升了运力。除高峰时段，在大部分的高铁线路上，乘客都可以做到即来即走，城际高铁运行日益公交化。经过十几年的快速发展，高铁已成为人们日常出行的重要交通工具，"千里江陵一日还"早已变成现实。有数据显示，当前高铁动车组承担了国家铁路网上超过 60%的客运量。依托高铁网络，几乎所有 50 万人口或 50 万以上人口的城市，都可以在 1～4 小时内连接到一个特大城市，每个省级城市群内部则创建出两小时以内的交通圈。高铁使城市边界被打破，空间距离被淡化，时间距离成为主要标尺。

高铁改变的不仅是不断刷新的中国速度，更为区域与城市发展带来了新的模式与机遇。高铁快速发展的过程也是我国城镇化快速发展的过程，无数大中小城市因高铁而串联，人、钱、物在城市间地区间的流向更加便捷和高效，高铁网络正以前所未有的速度改变着我国城市的格局，借力高铁，一座座城市正在崛起。

从全球来看，我国高铁票价是最低的，约为外国票价的 1/4 至 1/5。我国高铁二等座票价每人每千米 0.46 元，一等座每人每千米 0.74 元，而法国高铁每人每千米售价 1.65 至 2.13 元；德国为 2.34 元；日本为 2 至 2.13 元。这样的售价令我国高铁在 1200 千米距离内，成为比汽车和飞机更具性价比的出行方式，也让全国老百姓享受到了实实在在的实惠。随着 12306 售票系统的出现，乘客只需通过手机 App 就可以进行购票操作，极大地优化了购票的体验。

2015 年，我国顶级列车制造商之一的中国北车已经与国内外公司签订了价值 39 亿美元的大单；2016 年 1 月 26 日，我国高铁企业与海湾 6 国签订了 2000 亿美元高铁大单，同年中铁建中非建设有限公司在非洲连续签订了建设项目订单，总金额近 55 亿美元；与尼日利亚奥贡州政府签署了城际铁路项目商务合同，总金额 35.06 亿美元。印尼雅万高铁、中老铁路、匈塞铁路、中泰铁路、巴基斯坦拉合尔橙线轻轨工程，这些都是中国高铁走出去的生动实践。近年来，"高铁走出去"战略与"一带一路"的倡议紧密相连，中国高铁在服务国家外交大局和"一带一路"建设中发挥着举足轻重的作用。

8.1.3　城市群发展催生城际交通需求

发展城市群、推进区域一体化对激发新动能、塑造新竞争力、促进区域协调发展起到了重要的作用。有数据显示，"十三五"规划纲要明确的 19 个城市群，承载了我国 78%的人口，贡献了超过 80%的国内生产总值。目前，我国已经形成京津冀、长三角、珠三角 3 个国家级城市群。

伴随区域经济格局优化调整，中心城市和城市群正在成为发展要素资源的重要承载地，要素资源的汇聚、融通、流动和城市群集聚效应的释放，将带来对城际高铁和城市轨道交通建设的巨大需求。我国城市和小城镇改革发展中心智慧城市和大数据研究所所长姜鹏说，城市群内部要实现各种要素流动，城际铁路是不可或缺的。比如我们现在有城市群，然后城市群下面还有都市圈，一般一个成熟的城市群，它可能由一个或多个都市圈构成。而国家也出台了不少政策，比如要强化在都市圈层面的一小时通勤。这样城际轨道交通和城际铁路都是一个重要的组成单元。

总体来看，城际高速铁路和城际轨道交通的建设可以深入推进城市群发展，提升城市群功能，推动大中小城市协调发展，对城市群的集聚和带动、支撑和服务区域乃至全国发展起到重要的作用。在几乎每个城市群的规划中，城际铁路都是浓墨重彩的部分，城际高速铁路和城际轨道交通是中国城市化、区域一体化的迫切要求。

2020年年初，国家发展和改革委员会进一步明确，要加大对重点城市群、都市圈城际铁路、市域、市郊铁路和高等级公路规划建设。随着我国城市群布局和架构日益完善，我国城际高铁、城际轨道交通建设遍地开花，但是对比一些全球知名城市群、都市圈，我国城际高铁、城际轨道交通还有很大的发展空间。比如日本东京都市圈有个"二八定律"，就是占总里程20%的轨道交通，承载了80%的交通需求。随着城市群的发展壮大，城际高铁和城际轨交的建设需求将进一步释放。

东京轨交客运量占公共交通客运量达86%，伦敦约70%，而我国北京、上海仅为44%和54%。

从投资额来看，我国城轨交通完成投资额的增加率低于轨道交通客运量增加率，仍需增加城轨交通投资建设。

从我国城市轨道交通运营里程来看，2019年我国城市轨道交通运营里程达6730.27千米；2020年我国城市轨道交通运营里程达7978.19千米，同比增长了18.5%。但是目前主要集中在发达城市，还需进一步协调城乡区域交通发展，建设城市群一体化交通网。

2019年年初，国家发展和改革委员会发布的《关于培育发展现代化都市圈的指导意见》指出，近年来都市圈建设呈现较快的发展态势，但城市间交通一体化水平不高、分工协作不够、低水平同质化竞争严重、协同发展体制机制不健全等问题依然突出。为此，专门强调要打造轨道上的都市圈。统筹考虑都市圈轨道交通网络布局，构建以轨道交通为骨干的通勤圈。要在有条件的地区编制都市圈轨道交通规划，推动干线铁路、城际铁路、市域（郊）铁路、城市轨道交通"四网融合"。可以预见，未来几年仍然是城际高铁和城际轨交的建设增长期。

8.2 城际智慧交通发展

世界银行在发布的《中国高铁发展报告》中指出，中国规划的高铁网络快速增长，其驱动原因是不断变化的。最初的目标是为超载的铁路网增加运力，提高客运服务能力，以提供高效的中距离运输。现在更多的重点则是要提升和改善区域间的连通性，以支持经济发展和城市化。在这个过程中，城际高铁和城际轨道交通就得到了快速发展，并于 2020 年纳入新基建。

8.2.1 城际高铁和城际轨交的概念

城际高速铁路是指连接相邻城市或城市群、城市带内部各个城市之间的高速铁路。城际高速铁路是采用高速铁路等级标准设计建成的城际铁路，列车行驶的最大速度在 250 千米/小时以上，同时拥有高速性和城际性，能大幅缩短城际旅途时间。

城际轨道交通：不是单指城际铁路，而是指一个完整的城际轨道运输系统，它是指以城际运输为主的轨道交通客运系统，主要包括各种类型的城际铁路（轨道）及运营的城际列车。

城际高铁、城际轨道交通本质上都是城际铁路，与普通高铁、轨道交通相比,虽然只多了"城际"两个字,但区别却比较明显。从运行线路长度来看,因为城际高铁主要连接的是周边的重点城市,因此,城际高铁线路没有普通高铁线路那么长,路线总长度一般不超过 200 千米。从发车的频度来看,城际高铁的发车密度远远高于普通高铁,发车频次公交化,是城际高铁的一大特征,也是未来要强化的趋势,以满足周边城市人员的快速流动。从运行的速度来看,城际高铁的最高运行速度虽然超过 250 千米/小时,但实际运行时速一般不会超过 200 千米,具体速度取决于站点多少以及城际距离。

城际轨道交通则是低速版的城际高铁,主要作用是要把城市和城市群之间联系起来,也是起到通勤、公交化运营的作用。城际轨道交通车站比较多,方便远郊和小城镇的居民出行,可以替代轿车出行。以不久前开通的穗莞深城际铁路为例,往来广州、东莞、深圳这三个城市,全长 70 多千米,车站多达 15 座。

8.2.2 城际高铁和城际轨交的优势

城际高铁和城际轨道交通的核心用途是承担近距离城市间的客运交通量,为国家中心城市及城市群的建设提供重要支撑。2008 年 8 月,我国第一条城际客运专线京津城际铁路正式通车,截至目前全国已建成 19 条重要城际铁路,典型城际交通有连接广州与珠海的城际铁路;串联起广州、佛山、肇庆的广佛肇城轨;让北京、天津互通的城际铁路,以及串联珠三角经济圈的城际快速轨道交通等。

城际高铁和城际轨道交通与其他交通方式比较有以下几方面的突出优势:

(1)城际高铁和城际轨道交通速度快、运量大。早在 2008 年,北京至天津的城际高铁列车,就已经可以做到每天发车 100 班次以上。现在,大多数线路从早上 6 时开始到午夜,每小时至少发一趟列车,有的隔几分钟就能发一趟。城际高铁和城际轨道交通采用的电力动车组,由 8 或 16 节车厢组成，提供 494 到 1299 个座席。不同城市可以根据城际交通量，增减运行的列车数量，能够较好地满足城际人员的流动需求。

（2）城际高铁和城际轨道交通提供全天候、安全舒适、高效快捷的出行服务，适合商务旅行，有利于加快城市间的同城化进程。有数据显示，我国高铁的发车准点率达到 98%，到达准点率为 95%。依托统一的票务系统，用户可以通过互联网随时随地购买、取消和更换火车票，跟民航相比，城际铁路和城际轨交进出站更加便利，车站一般也更接近市区，减少了接驳和等待的时间，可以"即来即走"，且受天气影响较小，成为商务和旅游出行的首选。城际高铁和城际轨交的出现，使跨市（省）工作生活成为可能，让"工作生活两座城"成为很多人的常态。

（3）城际高铁和城际轨道交通运行速度不是特别高，能够充分利用既有铁路线路的设施设备，更好地释放既有铁路线的运输能力，提高整条铁路线的综合运力和总体效率。而且能够对长途列车的中短途客运进行分流，缓解干线铁路运输线路压力。

（4）城际高铁和城际轨道交通单位运输能耗远低于汽车，因其发车频度高、站点设置多等特点，可以很大程度替代相邻城市间的汽车出行，不仅有助于缓解公路运输压力，还有助于改善区域交通污染状况。

（5）城际高铁和城际轨道交通，让周边城市间的交流变得更加方便，有利于改善城市圈内部城市之间的关联度，引导区域内产业空间布局合理化，推动产业调整和集群发展，强化中心城市辐射带动作用。

8.2.3 城际高铁和城际轨交产业链

城际高速铁路和城际轨道交通的产业链条非常长，发展城际高铁和城际轨交能够有力地拉动产业链上下游的发展。比如设计咨询、原材料、建筑施工、装备制造、运营维护等上游和中游企业；下游则可以拉动包括应用运输服务行业和由此衍生出的诸多增值服务企业。

产业链上游的工程勘察设计企业,随着高铁建设的不断推进,近几年得到了快速发展,企业经营效益近年来不断提升。根据住建部 2018 年的数据,当年工程勘察设计企业全年利润总额 2453.8 亿元,与上年相比增加 12.1%;企业净利润 2045.4 亿元,与上年相比增加 13.7%。

产业链中游主要为建筑施工和装备制造。轨道装备制造业是国家重点支持的产业领域,产业链条长,涵盖的专业和技术产品多。

2019 年我国轨道交通装备市场规模突破 7000 亿元,预计未来相关投资将继续提速,进一步利好轨道交通装备行业发展。

8.2.4 城际高铁和城际轨交的数字融合

众所周知,铁路是传统基建的代表,可同样是铁路,为什么城际高铁、城际轨道交通被称为新基建?交通运输部科学研究院城市交通与轨道交通研究中心专家认为,主要是因为它们近年来吸收、融合了我国一系列先进技术。如信息技术或自动控制技术,都有很多的技术创新。透过第 15 届中国国际现代化铁路技术装备展,我们可以看到,智能高铁已经广泛应用云计算、大数据中心、人工智能等新技术。把它当作数字新基建，是因为大部分新技术都是利用了信息技术或者自动控制技术，能适应中国经济高质量发展的要求。

另一方面，城际高铁和城际轨交为新科技、新技术提供了新的应用场景和产业方向。诸如同为新基建的 5G、人工智能、大数据中心等技术在城际高铁和城际轨交中都有广泛应用，让客运服务、安全保障、经营、调度等方面更加智能、安全和高效。城际高速铁路和城际轨道交通将信息化与轨道交通深度融合，毫无疑问属于国家发展和改革委员会对新基建定义中的融合基础设施。

比如 5G 通信技术，利用 5G 高速率的特性，可以提升高清视频监控的效率，简化新线网络设计方式，为后续维护工作提供保障，可以减少城市轨道交通旁的施工工作，并为空间改造和施工工作提供保障。利用大连接的特性，解决了未来城市轨道交通中海量设备接入问题。5G 通信技术的出现优化了其网络架构、资源调度以及网络部署，提高了城市轨道交通系统的运行效率，减少了传输中的能量损耗，从而达到了提高能效的目的。

5G 技术利用波束赋形，可以明确列车位置，追踪列车运行轨迹，提升列车抗干扰能力，最大程度保证列车运行安全；利用端到端通信技术，列车之间仍可以实现直接连接与通信，了解彼此的位置及运行情况，为列车安全运行提供保障。

城际高铁和轨交在运行中，也需要用到大量的大数据技术，比如利用大数据对全线网的列车运行、客运组织、车站运作、电力供应、防灾报警、信息收发等地铁运营全程进行监控和指挥。为保障乘客乘车安全，可以依靠大数据技术，进行设备在线监测预警，即通过设备健康度识别，对故障进行预警，实现设备的主动维修。基于大数据平台，通过站点刷卡信息并结合监测技术获取相关的交通数据，进一步掌握客流量的变化趋势；通过 GPS 移动定位系统获取车辆运行轨迹，降低成本。

第 9 章

能源安全的
主动脉——特高压

9.1 特高压——"电力高速公路"

9.1.1 电力点亮人类现代文明之光

电力是当今人类社会不可或缺的能源,它发明于 19 世纪 70 年代。电力的发明和应用掀起了第二次工业化高潮。

大规模电力系统是人类工程科学史上最重要的成就之一,电力工业是国民经济发展中最重要的基础能源产业,是国民经济的第一基础产业,是关系国计民生的基础产业,也是世界各国经济发展战略中的优先发展重点。

1931 年 10 月 21 日,为了纪念有史以来最伟大的发明家——爱迪生,全美同时熄灯一分钟(就连自由女神像的灯也不例外)。而我们知道,这一天是爱迪生去世后的第三天,事实上,爱迪生去世当天就有人向美国国会提出熄灯来纪念他,只是如此大规模的停电,将造成无法估量的损失,所以美国国会不敢贸然决定。直到三天后,美国政府做足了准备才决定以熄灯来纪念这为伟大的发明家。由此可见,电力之于现代社会,就像水和空气之于人类，电力对人类社会的重要性再怎么强调都不为过，有人将其比喻为"人类现代文明之光"。

马克思认为，生产力的发展，是革命的根本原因。电力的应用，使生产力水平远高于蒸汽时代。

电力系统是由发电、输电、变电、配电和用电等环节组成的电力生产与消费系统。通过输电，能够把相距甚远的（可达数千千米）发电厂和负荷中心联系起来，使电能的开发和利用超越地域的限制。输电是电能利用优越性的重要体现，在现代化社会中，它是重要的能源动脉，输电电压的高低是输电技术发展水平的主要标志。

9.1.2　特高压电网的优势

在我国，输电网电压等级一般分为高压、超高压和特高压（UHV）。电压等级中，高压指 1 千伏以上的高压线路，常见的有 110 千伏和 220 千伏；超高压指 330 千伏至 750 千伏的高压线路（包含±500 千伏、±660 千伏的直流线路），常见的有 330 千伏、500 千伏和 750 千伏；特高压指 1000 千伏以上的交流电及±800 千伏及以上的直流电线路。其中 1000 千伏交流电压已成为国标标称电压。

电力在线路上传输，会有一定程度的损耗，损耗的大小主要取决于线路长短和电压的高低。相同的电力线路，额定电压越高，线路损耗就越少，输电能力就越大。使用特高压能大大提升电网的输送能力，如果把之前的高压线路比作县道、乡道，那么特高压线路就是"电力高速公路"。

国家电网公司提供的数据显示，一回路特高压直流电网可以送 600 万千瓦电量，相当于现有 500 千伏直流电网的 5 到 6 倍，而且送电距离也是后者的 2 到 3 倍，因此效率大大提高。

从公开信息看，正负 800 千伏锦屏-苏南特高压直流线路，满载输送容量就达到了 7200 兆瓦，差不多达到 1/3 个三峡大坝的装机容量。这条线路的输电容量，差不多能满足青海省全年的用电需求。

此外，采用特高压传输电力，可以减少走廊回路数，节约大量土地资源。据国家电网公司测算，输送同样功率的电量，如果采用特高压线路输电，可以比采用 500 千伏高压线路节省 60% 的土地资源。

9.1.3 特高压交直流技术

目前，特高压电网可分为 ±1000 千伏交流变电网和 ±800 千伏直流电网两类。交流和直流都是电网重要的组成部分，在电网中的应用各有特点，二者相辅相成，需构建交流、直流相互支持的坚强电网。

交流输电技术，中间可以落点，组网性较强，可以根据实际情况灵活组建电网，在构成交流环网和短距离传输领域方面优势突出。因此，特高压交流输电具有输电容量大，覆盖范围广的特点，为国家级电力市场运行提供平台，能灵活适应电力市场运营的要求且输电走廊明显减少，线路、变压器有功功率损耗与输送功率的比值较小。交流输电的主要定位是构建坚强的各级输电网络和电网互联的联络通道，同时在满足交直流输电的经济等价距离条件下，广泛应用于电源的送出，为直流输电提供重要的支撑。

直流输电技术，主要应用于中间不落点的两端工程，可点对点、大功率、远距离直接将电力送往负荷中心。直流输电可以减少或避免大量过网潮流，潮流方向和大小均能按照实际需要方便地进行控制。直流电只需正负两根线进行传输，而交流电传输需要三根线，因此，直流电从经济和环境等角度考虑，远距离、大容量输电一般采用特高压直流输电方案。

认识数字新基建

	特高压直流输电技术	特高压交流输电技术
线路造价	低	高
变电站/换流站造价	高	低
电能损失	低	高
功率损耗	高	低
系统稳定性	高	低

由于交流输电在系统稳定性上存在一定的隐患，在特高压若干年的发展过程中，形成了"强直弱交"的情况，即特高压直流输电线路的发展要明显快于交流线路的发展。这使得目前为止交流特高压线路仍未形成较为完整的网络，不能为直流线路提供强大的支持，导致目前的电网压力较大，部分直流线路被迫限制功率运行，给华东、华北和华中电网造成了较大的安全隐患，因此，未来只有完善交流工程主干网络，才能够确保我国电网的安全平稳运行。

9.2　我国建设特高压电网的战略意义

建设特高压电网是电力工业落实科学发展观的重大举措，是国家进行能源宏观调控的重要手段，是实现能源资源优化配置的有效途径。具体来讲，建设特高压有以下几方面的战略意义。

9.2.1　建设特高压电网是优化我国能源资源配置，解决区域能源发展不平衡不充分问题的重要抓手

众所周知，我们国家的能源资源是呈逆向分布的，煤炭资源、水电资源、风电资源，主要集中在西南、西北、东北，而用能"大户"，像京津唐、长三角、珠三角这些经济发达地区，能源消耗比较多，但是本地的能源资源非常匮乏。

我国在已探明的煤炭资源储量方面，分布非常不均衡，总体来说是"西多东少，北富南贫"。从南北方向来看，昆仑山—秦岭—大别山一线以北的煤炭资源保有储量占全国的 90%以上，界限以南区域煤炭资源仅占全国资源总量的 10%不到；从东西方向来看，大兴安岭-太行山-雪峰山一线以西的煤炭资源保有储量占全国的 90%左右，界限以东区域煤炭资源储量仅占全国煤炭资源总量的 10%左右。而电力的中心负荷区京津冀、华东六省一市和广东省的煤炭保有储量仅占全国的 7%。

从水能资源分布看，90%以上集中在京广铁路以西，西部省、自治区占全国的 79.3%，尤其是四川、西藏和云南，占比高达 57.0%，而东部沿海省市只占 8.9%。

我国幅员辽阔，主要能源基地距离负荷中心约 800~3000 千米，西藏可开发的水电资源距离负荷中心超过 3000 千米。没有特高压电网之前，西部产能大省的水能、风能、太阳能则白白浪费掉了，资源优势无法转化为经济优势，当地居民只能抱着"金娃娃"过穷日子。而中东部经济发达省份，用电量持续攀升，一度还出现过"电荒"，有的地方只能"拉闸限电"，电力不足的问题曾严重影响了人们的生产生活。

特高压电网战略是与国家整体能源战略相配套，适应国家经济发展的战略，是促进西部大开发，区域经济协调发展的重大举措，能让西部资源优势转换成经济优势，同时让东部地区拥有充足的电力发展经济，实现东部、西部双赢。特高压电网具备的技术优势使我国大范围的配置资源成为可能，借助特高压电网，能够实现"西电东送""变输煤为输电"和"大西南水电开发"，是满足未来我国电力需求持续增长的基本保证，有力地解决了电力资源不平衡、发展不充分的问题。

认识数字新基建

9.2.2 建设特高压电网契合新发展理念和我国产业转型升级趋势

2015年10月，党的十八届五中全会审议通过了《十三五规划建议》，并首次提出了创新、协调、绿色、开放、共享的五大发展理念。特高压电网一头连着西部清洁能源开发利用，一头连着东中部雾霾治理，发展特高压电网已成为国家能源发展、清洁发展的战略重点，是贯彻绿色发展理念的重要举措。

我国水电、风电、太阳能等新能源发电装机均位居世界第一，仅"三北"地区，目前新能源装机合计超2亿千瓦，但该地区电力外送能力不到1亿千瓦。特高压是消纳清洁能源的战略通道，可以有力推动西南水电和西部、北部清洁能源大规模开发外送，破解大型能源基地"窝电"困局，促进当地资源优势转化为经济优势；另一方面，可以有力推动东中部地区提高接受外输电比例，增加清洁能源供应，实现经济发达地区迈进绿色高质量发展道路。

2020年5月14日，中央政治局常委会首次明确提出了要充分发挥我国超大规模市场优势和内需潜力，国内国际双循环相互促进的新发展格局。

3天之后，中共中央、国务院印发了《关于新时代推进西部大开发形成新格局的指导意见》，意见强调要继续加大西电东送等跨省区重点输电通道建设，提升清洁电力输送能力。由此可见，建设特高压电网不仅契合新发展理念，也符合党和国家当下的形势任务。

四十多年改革开放形成的"中西部提供人工、原材料；沿海城市加工生产；欧美市场销售"的产业格局将会被快速打破，我国产业发展将会更加协调和均衡。随着国内需求进一步被挖掘、IC 等国产设备替代进程进一步加速，制造业向中西部迁移的步伐将会加大。特别是"一带一路"的推进，中西部将会迎来一波长达十年的投资建设高峰时刻，其中特高压相关产业就是重要投资方向。

此外，特高压电网是电力领域高新技术的"集大成者"，输电设备的成功研制，改变了我国在电气制造领域长期从发达国家引进技术、消化吸收的发展模式，实现了中国创造和中国引领。特高压作为世界最先进的输电技术，其在我国的成功应用，让国内设备制造企业提档升级，极大地推进了包括换流阀、电力电子、新材料等高端装备制造的发展，符合我国产业转型升级的趋势。

从宏观经济来看，特高压工程投资规模大，增加就业岗位多，在稳增长与惠民生中作用力十足。2020 年 2 月 28 日开工的陕北—湖北的±800 千伏特高压直流工程是国家电网公司于 2020 年首个新开工的特高压工程，其总投资金额 185 亿元，可直接带动设备生产规模约 120 亿元，带动电源等相关产业投资超过 700 亿元，增加就业岗位超过 40000 个。

从上下游产业链来看，特高压产业链包括电源、电工装备、用能设备、原材料等，产业链长，而且环环相扣，带动力极强，这在"后疫情时代"显得尤为重要。

9.2.3 建设特高压电网有助于打造中国制造自主创新的"金字招牌"

特高压电网建设使得我国电力产业从装备制造到建设运行完成了

认识数字新基建

一次弯道超车，实现从中国制造到中国创造中国引领的转变。我国的特高压技术和高铁、载人航天一样，是拥有完全自主知识产权的创新品牌，是继高铁、大飞机之后的又一大国重器，是我国综合实力的集中体现，是中国制造走出去的拳头产品，对提升我国国际影响力具有重要的意义。

国家电网公司独立建设运营的巴西美丽山水电±800千伏特高压直流输电二期项目于2017年9月开工，2019年8月投入运营，得到巴西国调、电监会和能矿部等政府机构的高度评价。国际合作项目的建成投运，有力地推动了我国特高压输电技术、装备和工程总承包一体化"走出去"，从而实现全产业链、全价值链走出去，为推动全球能源互联网建设和国际产能合作战略提供了强有力的支撑，成为国际能源合作的典范。

据统计，国家电网已与周边国家建成了10余条互联互通输电线路，并在此基础上进一步推进与俄罗斯、蒙古、巴基斯坦等周边国家的电网互联互通，计划到2030年建成9项以特高压技术为核心的跨国输电工程。伴随着特高压的发展和建设，从传统老牌企业哈电集团、东方电气、上海电气到如今的西电集团、南瑞、平高、特变电工，输变电设备制造企业"走出去"的新闻屡见不鲜。

2013年，习近平总书记提出"一带一路"的构想，"一带一路"合作的重点就是"五通"：政策沟通、设施联通、贸易畅通、资金融通和民心相通。其中，电网的互联互通就是设施联通的一项重要内容。随着我国"一带一路"倡议的持续推进，以特高压为核心的国际能源合作有望发展成为我国高新技术海外输出的典型代表，成为中国制造自主创新的"金字招牌"，极大地提升了我国的科技竞争力和国家影响力。

第 9 章　能源安全的主动脉——特高压

9.3　国内外特高压发展现状与历程

9.3.1　我国特高压电网发展历程

2004 年是特高压研究的起点，2006 年启动建设，2011 年特高压建设纳入"十二五"规划，2014 年是特高压核准的高峰期，2016 年特高压集中建设，2017 年特高压核准建设进程放缓。

9.3.2　试验探索阶段（2004–2008 年）

2004 年 12 月 27 日，国家电网公司党组会议上提出了发展特高压技术的构想。2005 年 2 月 16 日，国家发展和改革委员会下发了《关于开展百万伏级交流、±80 万伏级直流输电技术前期研究工作的通知》，这标志着特高压工程前期研究进入实质性阶段。同年的 5 月 19 日，正式启动交流特高压试验示范工程预初步设计，随后国家电网向国家发展和改革委员会报送了试验示范工程的请示。

2006 年，交流特高压 1000 千伏试验示范工程得到了核准，并启动建设。随后，还推出了一些试点示范项目，建设目标是以 1000 千伏交流特高压线路为主，形成了特高压电网骨干网架，实现了各大区电网的同步互联；以±800千伏特高压直流输电进行远距离、中间无落点的大功率输电工程，主要用于能源基地的清洁能源外送。

9.3.3 第一轮发展高峰（2011–2014 年）

2011年，特高压纳入了"十二五"规划，第一个特高压项目（山西到湖北输电线路）正式启动，开启了第一轮发展高峰。按照当时的规划，未来五年会陆续建设12条特高压直流输电线路，总建设长度将达到22188千米，容量为79200兆瓦，静态投资总额达到2486亿元。

1. 第二轮发展高峰（2014—2016 年）

2014年6月，国家能源局发布了《关于加快推进大气污染防治行动计划12条重点输电通道建设的通知》。为缓解中东部雾霾污染问题，国务院常委会提出了开展跨区送电项目，特高压输电"四交四直"工程开始实施。之后在此基础上提出了"五交八直"特高压工程建设。由此，顺应《大气污染防治行动计划》要求，我国特高压2014—2016年迎来了一轮建设高峰。

2. 本轮发展高峰（2018 年至今）

2018年9月，国家能源局发布了《关于加快推进一批输变电重点工程规划建设工作的通知》，要在2019—2020年核准开工5条直流和7条交流特高压工程建设，标志着新一轮特高压建设高峰来临。

2018年年底，中央经济工作会议明确了将5G、特高压、城际高速铁路和城际轨道交通、充电桩、大数据中心、人工智能、工业互联网作为"新型基础设施建设"，简称"新基建"。2020年3月4日，中央政治局常委会提出了"加快推进国家规划已明确的重大工程和基础设施建设，加快5G网络、数据中心等新型基础设施建设进度"。

2020年3月初，国家电网印发《国家电网有限公司2020年重点工作任务》，计划2020年核准7条、最低开工3条特高压线路。2020年4月4日，

第9章 能源安全的主动脉——特高压

央视新闻网报道，国家电网全年特高压项目投资规模提高至 1811 亿元，将有效带动上下游产业发展，拉动社会投资 3600 亿元，总体规模近 5411 亿元。

	项目名称	线路长度/千米	输电能力/兆瓦	投资额（亿元）	开工时间	投运时间
直流	向家坝-上海±800千伏	1908	6400	233	2007年4月	2010年7月
	锦屏-苏南±800千伏	2059	7200	220	2009年3月	2012年7月
	哈密南-郑州±800千伏	2210	8000	234	2012年5月	2014年1月
	溪洛渡-浙江金华±800千伏	1562	8000	197	2012年7月	2014年7月
	宁夏灵州-浙江绍兴±800千伏	1720	8000	219	2014年11月	2016年9月
	酒泉-湖南±800千伏	2386	8000	259	2015年6月	2017年6月
	晋北-江苏±800千伏	1111	8000	158	2015年6月	2017年6月
	上海庙-山东临沂±800千伏	1230	10000	211	2015年12月	2017年12月
	锡林郭勒盟-江苏泰州±800千伏	1628	10000	232	2015年12月	2017年9月
	扎鲁特-山东±800千伏	1234	10000	221	2016年8月	2017年12月
	准东-皖南±1100千伏	3319	12000	414	2016年1月	2019年12月
交流	晋东南-南阳-荆门1000千伏	640	6000	58	2006年	2009年1月
	淮南-上海南环1000千伏	1312	6000	192	2011年9月	2013年9月
	浙北-福州1000千伏	1206	6800/10700	197	2013年4月	2014年12月
	淮南-南京-上海1000千伏	1560	8000	272	2014年11月	2016年12月
	锡林郭勒盟-山东1000千伏	1460	6000	177	2014年11月	2016年7月
	蒙西-天津南1000千伏	1216	8000	173	2015年3月	2016年11月
	榆横-潍坊南1000千伏	2098	5000	227	2015年5月	2017年8月
	锡林郭勒盟-胜利1000千伏	480	6000	50	2016年4月	2017年8月
	北京西-石家庄1000千伏	456	10000	34	2018年3月	2019年6月
	苏通1000千伏GIL综合管廊	35		48	2016年8月	2019年9月
	山东-河北环网1000千伏	1639	10000	152	2018年5月	2020年1月

输电网已经有 100 多年应用历史了，就输电技术从低电压到高电压等级提升的过程看，西方国家一直领先，我国比世界发达国家首次出现更高电压等级输电网（超高压输电网）的时间也晚了大约 30 年，这一局面一直持续到特高压电网的出现。

2004 年国家电网公司提出了在我国研发和应用特高压输电技术后，我国组建了一支超大规模的创新团队，专门成立了特高压输电建设部，利用产学研协同创新模式，组织几万人参与技术研发与工程建设。我国特高压输电自建成第一个示范工程以来，共完成了 180 项关键技术研究课题，形成了 429 项专利，建立了包含 7 大类 79 项标准的特高压交流输电标准体系，涵盖了系统研究、设备制造、调试试验和运行维护等环节。

从全球来看，我国并非最早开展特高压电网研究和工程建设的国家，一些国家早就开展过特高压输电试验研究，苏联还建设了特高压输电工程，但是并没有形成成熟的技术和设备。我国的特高压，并没有采用以往"引进消化吸收再创新"的技术路线，而是走了一条完全自主创新的道路。

目前，我国的特高压交流输电标准电压已被推荐为国际标准电压，国际大电网委员会与电气和电子工程师学会先后成立了由我国主导的 9 个特高压输电工作组，国际电工委员会（IEC）成立了特高压交流输电系统技术委员会（TC122）。我国成为继美、德、英、法、日之后第 6 个国际电工委员会常任理事国，在国际标准制定方面的话语权和影响力显著提升。

9.3.4 我国特高压电网发展现状

截至 2020 年 3 月，我国有 25 条在运特高压线路（10 交 15 直）、7 条在建特高压线路（4 交 3 直），以及 7 条待核准特高压线路（5 交 2 直）。

第 9 章 能源安全的主动脉——特高压

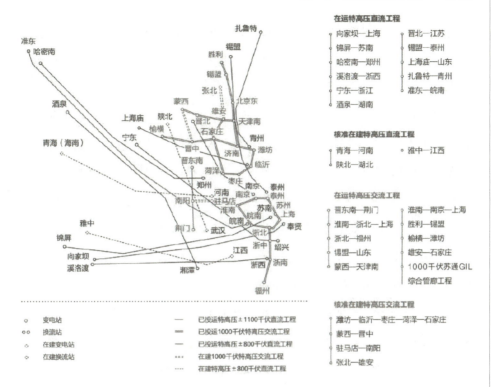

图：国家电网在建、在运特高压工程

	项目名称	铁路长度（千米）	输电能力（兆瓦）	投资额（亿元）	开工时间	投运时间
直流	青海-河南 ±800 千伏	1587	8000	271	2018 年 11 月	2021 年
	陕北-武汉 ±800 千伏	1109	8000	185	2020 年 2 月	2021 年
	雅中-江西 ±800 千伏	1711	8000	237.86	2019 年 9 月	2021 年
交流	蒙西-晋中 1000 千伏	608	8000	49	2018 年 11 月	2020 年 6 月
	张北-雄安 1000 千伏	639.8	6000	59.80	2019 年 4 月	2020 年

图：国家电网在建的特高压项目（来源：国家电网）

9.3.5 国外特高压电网发展情况

20 世纪 60～90 年代，美国、日本、苏联、意大利等国家当时经济快速增长，电力需求旺盛，对建设特高压电网有很大的动力。但是只有苏联建成了特高压工程，后来也因诸多原因降低了运行电压，其他国家自始至终都没有建成完整的工程。

（1）苏联：于 1985 年建成了一条全长 900 千米，电压 1150 千伏的特高压输电线路。该线路断断续续运行了 5 年时间，苏联解体以后，该输电工程只好降压到 500 千伏运行，该特高压工程实际上已经名存实亡了。主要有三个原因：从政治上看，苏联的解体导致这条线路已经不在俄罗斯本土，而是在哈萨克斯坦境内；从经济上看，苏联解体后，15 个加盟国经济快速下滑，对电力的需求大大下降；从技术上看，设备、输电线路、电磁环境的控制等方面的技术还很不成熟，安全性存疑。

（2）美国：客观地说，20 世纪美国在世界上研究特高压输电技术的国家中算是比较领先的，但是美国没有实现工程应用。早在 1967 年，美国就开始对 1000 千伏特高压输电的特性展开研究，主导这项技术研究的机构建了一些试验设施，甚至规划了工程，但是规划没有付诸实施，主要原因是遇到了 20 世纪 70 年代的石油危机。另外，美国能源供求的不平衡性不是很突出，对特高压远距离、大容量的传输需求随着经济增长的放缓和产业结构调整变得不再迫切，原来所规划的特高压电网的建设和技术的应用就都被搁置了。

（3）日本：日本是一个国土面积不足 38 万平方千米的多岛国家，对特高压远距离、大容量输送的需求并不迫切。但是，20 世纪 60～70 年代日本经济高速发展而资源短缺，如果用 500 千伏输送核电，占用的走廊面积大，为了提高输电效率、节约土地资源，日本也开始研究特高压输电技术。

日本研发出了特高压输电的相关设备，还建了两条同塔双回路的特高压交流输电线路，分别于 1992 年和 1999 年建成，但变电站用的还是 500 千伏设备，严格意义上讲，并不是完整的特高压工程。主要原因仍然是经济危机导致需求下降，原来所规划的大规模核电项目未付诸实施。日本特高压项目以输送核电为主，福岛核电事故以后，日本投运特高压输电项目的积极性大为降低。

（4）意大利：意大利是欧洲工业基础强国，欧洲国家输电网的最高电压等级为 380 千伏，最高运行电压是 400 千伏。意大利工业比较发达，想把南部的煤电送到北部，为此研究了特高压输电技术。意大利当时选的标称电压是 1050 千伏，并建立了试验站，对绝缘子与电磁环境特性做了一些研究，也建成了几十千米的试验线路，但还是因为经济方面的原因，原来规划的工程没有上马。

1988 年国际大电网委员会成立了一个工作组，对世界范围内特高压输电技术的开发做过一个调研和总结，其结论是：特高压交流输电技术没有不可逾越的障碍，已经基本上达到可以应用的程度。美国、日本、意大利等国的特高压项目停滞或者暂缓，或者是降低输电压等级，最终都因经济方面原因没有落实。

这些国家在 20 世纪 70 年代开展的特高压输电的研究，前提是预测未来电力需求急剧增长，如果不上马新电压等级输电网，电网可能满足不了需求。但是实际上 20 世纪 70 年代末，这些国家经济发展变缓，电力需求量年增长只有 1%～2%，因此特高压输电研究被搁置，特高压输电计划被取消。而我国经济增长强劲，电力需求持续增长，加上我国特有的能源结构，对特高压电网有着强烈的需求，再加上我国科研实力的增强，最终在特高压技术和工程应用上实现了后来居上、弯道超车。

第 10 章

引领未来经济——迈向数字化

10.1　数字基建

新基建最重要的内容是数字基建，随着新一代信息技术不断创新突破，数字化、网络化、智能化都在快速发展，不断深入，数字经济成为我国未来发展的重要方向和领域，也是抢占新一轮科技革命和产业革命制高点的关键一环，新基建正是推动数字经济发展的驱动力。

人类经历了农业经济、工业经济之后，走进了数字经济阶段。数字化是这个时代的共同话题。数据资源已经成为信息经济时代最具有战略价值的资源。

1996 年，尼葛洛庞帝出版了他的代表作《数字化生存》，在书中，他展望未来，认为计算机和信息技术会改变传统的学习方式、交流方式和生活方式，人们终将进入一个新的世界——数字化世界。它以信息技术为基础，将生产要素进行数字化呈现，生产关系进行数字化重构，经济活动将以数字化形态开展。

这是一种在数字空间工作、生活和学习的全新生存方式。我们进行网购、网聊、网络学习、网上就医，以及网络化的生产制造，是对现实世界的模拟，也是对现实的一种延伸和超越。尼葛洛庞帝由此成为预测未来的著名学者，他

认识数字新基建

提出的数字化服务也随着互联网的普及，很快走进了我们的生活中。

1998年，美国商务部发布了《浮现中的数字经济》（The Emerging Digital Economy）报告。报告指出，数字革命已成为世纪之交各国战略讨论的核心和焦点，数字经济也成为新的经济活动的主题。

2016年，在杭州举办的G20峰会上，发布了《二十国集团数字经济发展与合作倡议》，其中给出了数字经济的定义。所谓数字经济，是指以使用数字化的知识和信息作为关键生产要素、以现代信息网络作为重要载体、以信息通信技术的有效使用作为效率提升和经济结构优化的重要推动力的一系列经济活动。

以数字化、信息化技术为基础的新基建，将在5G网络、数据中心、工业互联网、物联网等领域加快布局。这些行业领域看似很新，却是立足当下，也着眼未来的经济业态。新基建可全面促进信息技术的市场化应用，推动数字产业形成和发展，催生新产业、新业态、新模式，最终形成数字产业链和产业集群。与此同时，新基建还将对传统产业进行全面彻底的改造升级，优化产业结构，实现经济规模的倍增和经济效用的扩大。

图：数字化和智能经济①

---

① 资料来源：《从连接到赋能》阿里研究院。

10.2 智慧城市

按照国家发展改革委对新基建的解析,可分为狭义新基建和广义新基建两大类。其中,狭义新基建指数字基础设施,包括 5G 基站建设、大数据中心、人工智能、工业互联网等。广义新基建指融合基础设施,包括特高压、新能源汽车充电桩、城际高速铁路和城市轨道交通,以及交通、水利重大工程等。

广义新基建涉及的基础设施工程,需要利用狭义新基建中的各类信息技术手段,对城市、交通、能源、工农业、服务业等各类产业进行赋能和改造,例如智慧城市、智慧交通、智慧能源、智慧工厂、数字政府等,推动我国进入智慧社会。

这其中,智慧城市建设是新基建的重要组成部分,也是拉动数字经济发展的重要载体和驱动力。根据《智慧城市技术参考模型》,智慧城市产业可分为:感知物联层、网络通信层、计算存储层、数据与服务融合层,以及智慧应用层。这与以人工智能、5G 基站建设、大数据中心等为代表的数字基建紧密相关,相辅相成,是推动新基建的一大成果体现。

国家近期出台的《关于加快推进新型智慧城市建设的指导意见》指出,将继续推动新型智慧城市的发展。虽然智慧城市不在新基建公布的七大领域中,但是智慧城市建设却是新基建必不可少的部分。作为服务于数字经济的新型基础设施,智慧城市正是承载和使用各类新型基础设施的集中平台,建设智慧城市,就是新基建本身的一个重要目标,也是发展数字经济的重要基础。

随着新基建的全面落地,智慧城市建设也将实现从城市的治理和服务的提升过渡到城市综合发展水平的提升。

10.3 数字化转型

全球各个行业正处在数字化转型的关键时刻，零售、金融、交通、能源、教育、医疗、制造、政务等多个领域的数字化产业升级都在加速进行，深刻地改变了人们的生活和生产方式。不仅仅是与互联网最为密切相关的通信行业，还有更多的传统行业都已经处于变革的大潮之中，不得不面临重大的考验，重新开始谋划自身在数字化新时代的定位和方向。

数字化转型，就是以客户需求为中心，以数字化技术发展为基础，建立数字化经营管理理念，进一步优化企业的生产、经营、运作等一系列价值创造过程。数字化转型要包括两部分：企业提供的产品服务数字化以及企业本身经营管理的数字化。

借助数字化的技术，原有的实体产品所包含的信息都可以转化为虚拟化的数字形式，也就是数字化服务。在这一过程中，企业需要完成人与人、人与物、物与物之间的互联互通，实现用数据来驱动业务服务全流程，创新各类商业应用的场景，实现个性化的需求与大规模的生产之间的高度匹配，提高用户的体验度。

与此同时，产品形态的转变，带动了生产方式的转变，进而要求企业的经营管理模式也必须随之进行数字化的转型。无论是企业与客户之间的关系，还是内部员工与管理者、员工之间的关系都要重新定义，从组织形态、经营流程、人力建设、企业文化等方面都有了全新的理解。企业更加聚焦在以用户为中心的资源配置体系和更加敏捷高效的柔性化组织体系演进上，提高生产效率，优化资源配置，降低企业成本，助力推动数字化技术发展，开拓更多的应用场景。

我国"十四五"规划和 2035 年远景目标纲要明确提出"加快数字化发展""建设数字中国"。有数据显示，我国数字经济总量居世界第二，已建成全球规模最大的光纤网络和 4G 网络，数字中国建设硕果累累。数字化转型已经从当初的企业视角，向更大的国家视角转变，当代中国需要充分利用好云、大、数、智、网等信息通信技术手段，迎接数字时代，激活数据要素潜能，促进数字化与实体经济的深度融合，推进数字强国建设。

10.4　科技创新驱动数字经济

新基建是我国实施创新驱动发展战略、推动经济高质量发展的重要举措。新基建包含了新一代信息通信技术、高端装备、新材料、新能源等新兴产业领域。投资建设新基建，是为了能够延展产业链，拓展出更多新产业，推动原有产业转型升级。如果把新基建看成是助力我国经济长远健康发展的重要载体，那么科技创新将是第一推动力。

十九届五中全会提出，把科技自立自强作为国家发展的战略支撑。在推动经济体系优化升级时，要坚定不移地建设制造强国、质量强国、网络强国、数字中国，这样才能提高经济质量效益和核心竞争力。

2022 年 1 月 1 日，新修订的《中华人民共和国科学技术进步法》在全国正式实施，时隔 14 年后再次修订的该法，目的就是在当前的国际国内环境下，加强健全科技创新保障措施，完善国家创新体系，着力破除自主创新障碍因素，为走中国特色自主创新道路，促进实现高水平科技自立自强提供法治保障。

在当前国际形势风云变幻、全球经济增长减速的大背景下，中央多次提出的"科技自立自强",被赋予了新时期战略支点的功能,在各国科技竞争形势严峻的当下,只有坚定不移地加强科学基础研究、推进核心技术攻关、构建我国自主可控的科技产业生态,才能在新时期更好地应对来自各方面的挑战,巩固我国作为世界第二经济大国的地位,也是着眼于中华民族伟大复兴的关键支撑。

政府作为新基建的规划设计者和项目操盘手,需要做好以下三方面的布局:

一是统筹布局,精准施策,规划科技创新战略体系,全面盘点包括高校、研究机构、企业、市场等各类创新要素,围绕数字新基建发展的需求和目标,建设一整套适应科技创新的新制度、新机制,用制度创新牵引科技创新、产业创新。

二是强化企业创新的主体地位,在市场经济环境下,企业永远是最具备创新资源、创新意愿和创新能力的组织。需要积极培育大中小不同层次的创新型企业,通过奖励、补贴和政策支持等手段,鼓励并引导具备研发实力的头部企业布局关键性技术,尤其是鼓励民营科技型企业参与国家重大基础研究项目,扩大企业在科技研发重大专项设计、分配和评估等环节上的话语权,鼓励高水平院校、研究机构和企业形成联合创新。

三是加快各类创新要素的流动和集聚,推进融通创新,一方面借助新基建扩大城市交通、物流、网络通信、数据中心等基础设施范围和功能,为企业创新提供能力保障;另一方面整合企业、院校等各类创新资源,通过联合攻关、创新孵化、成果共享、市场转化一系列功能设计,提供从交流合作、研发设计,到成果市场转化的全链条服务。

可以预见,新基建一定会是以科技创新为内在驱动力,以产业数字化、数字产业化为建设主体,深化科技创新体制机制改革,赋能各类新兴产业发展壮大，同时要配套推进科技创新的体制机制改革，有效发挥经济增长的各个生产要素价值，搭建集聚产学研资源的创新平台，加强科技成果的转化率，推进政府科技服务水平，通过企业、国家实验室、研发中心等平台，用新技术、新产品、新模式、新思维，构建更符合市场经济的科研体制、法律法规、金融资本、人力资源、市场环境，为新基建的落地提供不竭的增长原动力。